ALEXANDER VON PORTATIUS

Das haushaltsrechtliche Bepackungsverbot

Schriften zum Öffentlichen Recht

Band 263

Das haushaltsrechtliche Bepackungsverbot

Ein Beitrag zur Interpretation des Art. 110 Abs. 4 GG

Von

Dr. Alexander von Portatius

DUNCKER & HUMBLOT / BERLIN

Alle Rechte vorbehalten
© 1975 Duncker & Humblot, Berlin 41
Gedruckt 1975 bei Buchdruckerei Bruno Luck, Berlin 65
Printed in Germany
ISBN 3 428 03338 8

Vorwort

Bei der nachstehenden Untersuchung handelt es sich um die überarbeitete Fassung einer im Wintersemester 1973/74 vom Fachbereichsrat des Fachbereichs Rechtswissenschaft der Freien Universität Berlin angenommenen Dissertation. Rechtsprechung und Literatur bis zum 31. Oktober 1974 wurden bei der Überarbeitung berücksichtigt.

Herrn Prof. Dr. Mußgnug, der die Dissertation als Erstgutachter betreut hat, schulde ich Dank für Anregungen und Hinweise bei der Ausarbeitung sowie für das Ermöglichen einer kritischen Diskussion der Thesen in seinem staatsrechtlichen Seminar. Weiterführende Ratschläge gab mir auch Herr Prof. Dr. Goessl, dem ich an dieser Stelle ebenfalls meine Verbundenheit aussprechen möchte.

Herrn Ministerialrat a. D. Dr. Broermann danke ich für die Aufnahme der Arbeit in diese Schriftenreihe.

Berlin, im Dezember 1974

A. v. Portatius

Inhaltsverzeichnis

Erster Teil

Einleitung 11

§ 1 Ziel und Methode der Arbeit 11

    A. Historische Auslegung und Problemlösung 11

    B. Relation von Bepackungsverbot und Verfassungsstrukturprinzipien 12

    C. Uminstrumentalisierung einer Verfassungsbestimmung 13

§ 2 Problemstellung: Begriff — Inhalt — Umfang des Bepackungsverbots 13

    A. Bedeutung des Bepackungsverbots 13

    B. Unterscheidung sachliches/zeitliches Bepackungsverbot 15

    C. Unterscheidung Haushaltsgesetz/Haushaltsplan 15

    D. „Gegenständlicher" Umfang des Bepackungsverbots 16

Zweiter Teil

Das Bepackungsverbot und die konstitutionelle Monarchie 17

§ 3 Historische Genese einer Verfassungsbestimmung 17

    A. Bedingungsverbot im Frühkonstitutionalismus 18

    B. Verfassungsurkunde für den Preußischen Staat vom 31. Januar 1850 20

    C. Staatsgrundgesetz für die Herzogthümer Coburg und Gotha vom 3. Mai 1852 22

    D. Verfassungsurkunde für das Fürstenthum Waldeck vom 17. August 1852 24

    E. Reichsverfassung vom 16. April 1871 25

    F. Ergebnis 26

§ 4 Form der Etatfeststellung und geschriebene Verbote 26

    A. Formen der Etatfeststellung 26

    B. Vergleich von Verfassungen 27

    C. Ergebnis 28

Inhaltsverzeichnis

§ 5 Einflußmöglichkeit der Landtage auf Staatsausgaben und geschriebene Verbote	28
A. Einflußmöglichkeit der Landtage auf Staatsausgaben	28
B. Vergleich von Verfassungen	29
C. Ergebnis	29
§ 6 Strukturprinzipien der Verfassungen und Logik der besonderen Verbote	30
A. Monarchisches Prinzip	30
B. Gesetzgebende Gewalt als Sanktion	32
C. Affinität zur Impermeabilitätslehre	33
D. Ergebnis	34

Dritter Teil
Fehlende Umbesinnung trotz demokratischer Staatsverfassung   35

§ 7 Zur Entstehung der Aufnahme in die Weimarer Reichsverfassung	35
A. Entwürfe zur Reichsverfassung	35
B. Aussprachen zum Haushaltswesen	36
C. Ergebnis	37
D. Anhang: Länderverfassungen	38
§ 8 Praxis und Staatsorgane und Bepackungsverbot	39
A. Parlamentarische Konflikte wegen des Bepackungsverbots	39
B. Denkschrift des Rechnungshofs des Deutschen Reichs vom 7. März 1928	40
C. Urteil des Staatsgerichtshofs des Deutschen Reichs vom 30. Juni 1923	41
D. Ergebnis	43
§ 9 Staatsrechtliches Schrifttum und Bepackungsverbot	43
A. Versuche der Begriffsbildung	43
B. Das Bepackungsverbot und die Gebundenheit des Parlaments bei der Budgetbewilligung	44
C. Ansätze zur Umbesinnung	46
D. Ergebnis	47

Vierter Teil
Chance der Umbesinnung und Bonner Grundgesetz   49

§ 10 Zur Entstehung der Aufnahme in das Bonner Grundgesetz	49
A. Entwürfe und Beratungen	49
B. Exkurs: Haushaltsreform 1969	50
C. Ergebnis	51

§ 11 Anhang: Länderverfassungen	51
A. Das Bepackungsverbot in den Länderverfassungen	51
B. Ungeschriebener Grundsatz des Haushaltsrechts	52
C. Ein Beispiel aus der Länderpraxis	53
D. Ergebnis	54
§ 12 Funktionswandel und Aufgabe der Neuinterpretation	54
A. Frage nach verbleibendem Sinn des Bepackungsverbots	54
B. Budget als Instrument zur Konjunktursteuerung	55
C. Auslotung der Schutzrichtungen	56
D. Ergebnis	57

Fünfter Teil

Neuinterpretation einer Verfassungsvorschrift 58

§ 13 Die „vertikale" Schutzrichtung des Bepackungsverbots	58
A. Gesetzgeber nach dem Grundgesetz	58
B. Monismus zwischen Parlament und Regierung	59
C. Budgetinitiative und Bepackungsverbot	62
D. Ergebnis	63
§ 14 Die „horizontale" Schutzrichtung des Bepackungsverbots	63
A. Verfassungsrechtliche Grundlagen	63
B. Das Recht des ersten Votums durch den Bundesrat	64
C. Das Haushaltsgesetz als Zustimmungsgesetz	68
D. Ergebnis	69
§ 15 Von der Uminstrumentalisierung zur Begriffsbestimmung	70
A. Verfassungsrechtlicher Sinn als Normhypothese	70
B. Aktualisierter Definitionsversuch des Bepackungsverbots	70
C. Ergebnis	74

Sechster Teil

Aktuelle Relevanz des Bepackungsverbots 76

§ 16 Haushaltsgesetze in der Praxis und Bepackungsverbot	76
A. Die Haushaltsgesetze des Bundes und das sachliche Bepackungsverbot	76
B. Die Haushaltsgesetze des Bundes und das zeitliche Bepackungsverbot	78
C. Ergebnis	79

§ 17	Erleichterung von Haushaltsberatung und Entscheidung	79
	A. Weitergeltung des Bedingungsverbots	79
	B. Strukturierung von Beratung und Entscheidung	82
	C. Ergebnis	84
§ 18	Zeitigkeit des Haushaltsgesetzes	84
	A. Vorheriges Zustandekommen des Haushaltsgesetzes und Bepackungsverbot	85
	B. Fristgesetz und Bepackungsverbot	86
	C. Ergebnis	88
§ 19	Formenklarheit und Rechtsstaatsprinzip	88
	A. Das Bepackungsverbot als Garantie für Normenklarheit	88
	B. Das Bepackungsverbot als Garantie für Verfahrensklarheit	89
	C. Ergebnis	92
§ 20	Budget und Vorrang des Gesetzes	92
	A. Haushaltsgesetz und Vorrang des Gesetzes	92
	B. Haushaltsplan und Vorrang des Gesetzes	96
	C. Ergebnis	99
§ 21	Das Haushaltsgesetz als Plangesetz	99
	A. Rangunterschied als Struktureigentümlichkeit?	99
	B. Gesamthand und Haushaltsgesetz	102
	C. Ergebnis	104

Ausblick 105

§ 22	Ergebnisse und Thesen	105

Literaturverzeichnis 107

Erster Teil

Einleitung

§ 1 Ziel und Methode der Arbeit

A. Historische Auslegung und Problemlösung

Man hat den 10. Abschnitt des Grundgesetzes über das Finanzwesen als „die Traditionskompanie Preußens im liberal-demokratischen Verfassungsstaat rheinisch-bayerischen Gepräges" bezeichnet[1]. Es wird noch zu zeigen sein, daß dies gerade für das haushaltsrechtliche Bepackungsverbot in besonderem Maße zutrifft. Grundsätzlich ist wohl allgemein anerkannt, daß die Haushaltsartikel des Grundgesetzes den dankbarsten Bezugspunkt für den methodischen Ansatz einer historischen Auslegung darstellen[2]. Diese herkömmliche Auslegungsmethode hat weiterhin ihren Wert im Rahmen von Problemerörterung und -lösung, kann freilich im „Verfahren konkretisierender Interpretation"[3] nur selten ein Ergebnis allein tragen.

In Umkehrung des bekannten Satzes von Otto Mayer[4] läßt sich feststellen, daß Verfassungsrecht nicht immer vergeht und nicht nur Ver-

---

[1] *Hettlage*, Die Finanzverfassung im Rahmen der Staatsverfassung, in: VVDStRL Heft 14, S. 2 ff. (13).

[2] *Hirsch*, Haushaltsplanung und Haushaltskontrolle in der Bundesrepublik Deutschland, S. 35: „... konstitutionell geprägte Budgetrecht mit den entsprechenden Budgetverfahren praktisch unverändert in die parlamentarische Demokratie übernommen." Vgl. auch *Vogel / Kirchhof*, Bonner Kommentar, Vorbem. Art. 104 a - 115 Rdn. 52: „... Vorschriften über das Haushaltsrecht entsprechen im wesentlichen den in Deutschland seit langem anerkannten haushaltsrechtlichen Rechtsgrundsätzen." Ebenso *Hamann / Lenz*, Art. 110 Anm. A 3; *v. Mangoldt*, Art. 110 Anm. 2.
Auch das BVerfG (Bd. 20, 56 ff., 93) spricht von der „stark traditionellen Prägung des Haushaltsrechts".

[3] *Hesse*, Grundzüge des Verfassungsrechts der Bundesrepublik Deutschland, S. 27. Eine Anerkennung der historischen Methode findet sich auch bei *Kriele*, Theorie der Rechtsgewinnung, S. 209, wenn er, ausgehend vom Grundsatz der Verbindlichkeit der Dezision des Gesetzgebers und der damit verbundenen Beendigung der „Kontroverse", die Klarheit, Redlichkeit und Rationalität der historischen Methode rühmt.

[4] *Otto Mayer*, Deutsches Verwaltungsrecht, Vorwort zur dritten Auflage: „Groß Neues ist ja seit 1914 und 1917 nicht nachzutragen. Verfassungsrecht vergeht, Verwaltungsrecht besteht."

waltungsrecht besteht, sondern daß auch das Haushaltsrecht sich beinahe unverändert in unterschiedliche Verfassungsgefüge hinübergerettet hat. Zwar hat das 20. Gesetz zur Änderung des Grundgesetzes vom 12. 5. 1969 (BGBl. I S. 357), im Zuge der Finanzreform erlassen, eine Reihe von haushaltsrechtlichen Bestimmungen modifiziert[5]. Das haushaltsrechtliche Bepackungsverbot hat dadurch jetzt seinen verfassungsrechtlichen Standort in Art. 110 Abs. 4 S. 1 GG, gilt aber, abgesehen von einer redaktionellen Neufassung, gegenüber der alten Fassung des Art. 110 Abs. 2 S. 3 GG unverändert fort[6]. Bei dieser Sachlage ist es geboten, das haushaltsrechtliche Bepackungsverbot in seiner historischen Entwicklung zu untersuchen.

B. Relation von Bepackungsverbot und Verfassungsstrukturprinzipien

Dabei darf es aber bei einer bloß deskriptiven Analyse nicht verbleiben. Das Bepackungsverbot ist als Bestandteil der Staatsverfassungen zu interpretieren, in Relation zu den tragenden Strukturprinzipien der Staatsverfassungen zu setzen und von daher in das grundgesetzliche Gefüge einzuordnen. Damit führt die Untersuchung in ihrer Konsequenz zu der Aufgabe, das Bepackungsverbot als Vorschrift des Haushaltsrechts, dieses aber „als organischen Teil der grundgesetzlichen Ordnung zu verstehen und es von diesem Verständnis her neu zu interpretieren"[7].

Die Analyse verbleibt dabei bewußt punktuell. Themenstellung und Zielsetzung der Arbeit verbieten es, jenes allgemein beklagte Theoriedefizit[8] bei der Einordnung des Haushaltsplans in das grundgesetzliche

---

[5] Zur Haushaltsreform allgemein: *Klein*, Die Finanz- und Haushaltsreform, 1969; *Leicht*, Die Haushaltsreform 1970; *Karehnke*, Zur Reform des Haushaltsrechts, in: DÖH 1969, S. 177 ff.; ders., Betrachtungen zur Reform des Haushaltsrechts, in: DÖH 1969, S. 193 ff.; *Strauß*, Das neue Haushaltsrecht, 1969; *Leicht*, Die Haushaltsreform, 1970; *Karehnke*, Zur Reform des Haus-Teil A, Rdn. 156 - 169. Die Aufstellung ist unvollständig, weitere Nachweise bei den zitierten Autoren.

[6] *Piduch*, Bundeshaushaltsrecht, Art. 110 Rdn. 81. Die Neufassung des Bepackungsverbots in Art. 110 Abs. 4 GG hat auch eine alte Streitfrage bereinigt. Art. 110 Abs. 2 S. 3 a. F. GG enthielt noch die Alternative „... oder seiner Verwaltung". Dazu wurde die Auffassung vertreten, diese Formulierung stelle ein Redaktionsversehen dar, richtig müsse es heißen: „... ihrer Verwaltung"; so *Wacke*, Das Finanzwesen der Bundesrepublik, S. 83; *v. Mangoldt*, Art. 110 Anm. 5 c; a. A. *Vialon*, Haushaltsrecht, S. 203; *Maunz / Dürig / Herzog*, Art. 110 Rdn. 27 haben die Neufassung des Art. 110 GG insoweit noch nicht beachtet. Durch die Streichung der Alternative „oder seiner Verwaltung" hat sich diese Streitfrage erledigt.

[7] *Friauf*, Der Staatshaushaltsplan im Spannungsfeld zwischen Parlament und Regierung, S. 13.

[8] *Mallmann*, Budgetrecht und Konstitutionalismus, Der Staat 1971, S. 100; *Mußgnug*, Der Haushaltsplan als Gesetz, S. 21 ff.; *Kölble*, Pläne im Bundes-

Gefüge aufzurollen und insgesamt auszuloten. Mehr als ein vorsichtiges Herantasten an diese grundsätzlichen Fragestellungen, verifiziert am Institut des Bepackungsverbots, kann im Rahmen dieser Arbeit nicht geleistet werden.

C. Uminstrumentalisierung einer Verfassungsbestimmung

Anliegen dieser Untersuchung ist es vielmehr, den Bedeutungswandel eines verfassungsrechtlichen Instituts bei gleichbleibendem Wortlaut aufzuzeigen. Dabei soll die Frage offenbleiben, ob es sich insoweit um ein allgemeines Phänomen des Verfassungsrechts handelt, ob also die Verfassung weitere „Uminstrumentalisierungen" von Verfassungsbestimmungen zuläßt oder sogar fordert. Der Schwerpunkt der Ausführungen wird in der Betonung jenes Funktionswandels des Bepackungsverbots liegen, wobei zugleich die Fragestellung nach der verbleibenden, auch praktischen, Relevanz eine Antwort finden wird. Die Beschränkung in der historischen Darstellung läßt sich damit erklären, daß insoweit auf die ausführliche Untersuchung von Friauf verwiesen werden kann[9].

§ 2 Problemstellung:
Begriff — Inhalt — Umfang des Bepackungsverbots

A. Bedeutung des Bepackungsverbots

Gemäß Art. 110 Abs. 2 S. 1 GG wird der Haushaltsplan für ein oder mehrere Rechnungsjahre vor Beginn des ersten Rechnungsjahres durch das Haushaltsgesetz festgestellt. Die Feststellung der Einnahmen und Ausgaben des Bundes, die gemäß Art. 110 Abs. 1 S. 1 GG in den Haushaltsplan einzustellen sind, ist dabei der wesentliche Inhalt des Haushaltsgesetzes. Man spricht daher auch vom Haushaltsfeststellungsgesetz[1]. Das Bepackungsverbot führt zu der Frage, ob es verfassungsrechtlich möglich ist, in dieses Haushaltsfeststellungsgesetz weitere Vorschriften finanzieller oder auch nichtfinanzieller Art aufzunehmen, die andere Gesetze aufheben oder ändern und daher den Vorrang des

---

maßstab oder auf bundesrechtlicher Grundlage, S. 94; *Friauf*, Der Staatshaushaltsplan im Spannungsfeld zwischen Parlament und Regierung, S. 12.

[9] *Friauf*, Der Staatshaushaltsplan im Spannungsfeld zwischen Parlament und Regierung, Bd. 1, Bad Homburg / Berlin / Zürich 1968; weitere historische Untersuchungen zum Budgetrecht: *Kichler*, Entwicklung und Wandlung des parlamentarischen Budgetbewilligungsrechts in Deutschland, Jur. Diss. Berlin 1956; *Heckel*, Die Entwicklung des parlamentarischen Budgetrechts und seiner Ergänzungen, HdDStR Bd. II, S. 358 ff.

[1] *Mußgnug*, Bonner Kommentar, Vorbem. z. Art. 104 a - 115 Rdn. 22; *Heckel*, Die Haushaltsgesetze und „Finanzgesetze" der deutschen Länder, S. 413.

Gesetzes[2] für sich ebenfalls beanspruchen können. Das Grundgesetz bestimmt hierfür in Art. 110 Abs. 4 S. 1 GG:

„In das Haushaltsgesetz dürfen nur Vorschriften aufgenommen werden, die sich auf die Einnahmen und Ausgaben des Bundes und auf den Zeitraum beziehen, für den das Haushaltsgesetz beschlossen wird."

Von diesem Bepackungsverbot im modernen Sinne zunächst zu unterscheiden, ist das in den Verfassungen, die dem sog. frühkonstitutionellen Steuer- und Budgetsystem entsprechen, anzutreffende Bedingungsverbot. Damit ist die Frage gemeint, ob die Volksvertretung die Steuerbewilligung oder die Zustimmung bei der Festsetzung der Staatsausgaben von anderen Bedingungen abhängig machen darf. Das frühkonstitutionelle Finanzverfassungsrecht gab den Landtagen allerdings in der Regel nur ein Steuerbewilligungsrecht, nicht aber das Ausgabenbewilligungsrecht. Die Bewilligung der Steuern erfolgte dabei durch ein sog. Finanzgesetz, das in seiner Geltungsdauer befristet war und daher in periodischer Wiederkehr neu erlassen werden mußte. Die Landtage erkämpften sich erst im Laufe der Zeit auch das Ausgabenbewilligungsrecht[3]. Das verfassungsgeschichtliche Bedingungsverbot kann man ebenfalls als ein Verbot der „Bepackung" ansehen, so daß es angebracht erscheint, hierfür von einem Bepackungsverbot im weiteren Sinne zu sprechen. Es wird noch zu zeigen sein, inwieweit sich das Bepackungsverbot im modernen Sinne aus dem frühkonstitutionellen Bedingungsverbot entwickelt hat.

Das „weite" Bepackungsverbot hat zudem auch eine politische Dimension, die möglicherweise einer juristischen Bewertung zugänglich ist. Gedacht ist an das Problem, ob ein an der Gesetzgebung beteiligtes Verfassungsorgan das Haushaltsgesetz und ein anderes Gesetz oder eine politische Maßnahme zwar formell unabhängig voneinander behandeln, „politisch" aber miteinander verkoppeln darf. Zur Illustration dieser Frage mag man als Beispiel etwa den Fall nennen, daß das Parlament zur Haushaltsverabschiedung nur gegen Entlassung eines bestimmten Ministers bereit ist. Das Parlament würde hierbei sein Budgetrecht als Druckmittel zur Herbeiführung einer Maßnahme benutzen, wozu es selbst nach der Regelung des Mißtrauensvotums in Art. 67 GG nicht in der Lage wäre. Weitere Beispiele dieser Art sind denkbar. Die

---

[2] Dieser Grundsatz besagt nicht nur, daß eine Vollzugsmaßnahme, die sich auf ein Gesetz zurückführen läßt, nicht gegen andere Gesetze oder Rechtsvorschriften verstoßen darf, sondern auch, daß es keine Ermächtigungsvorschrift geben kann, die zum Abweichen von anderen Vorschriften ermächtigt, es sei denn, daß sie deren Geltung selbst durchbricht oder beseitigt, vgl. *Maunz / Dürig / Herzog*, Art. 20 Rdn. 127.

[3] *Mußgnug*, Bonner Kommentar, Vorbem. z. Art. 104 a - 115 Rdn. 24; *Heckel*, Die Entwicklung des parlamentarischen Budgetrechts und seiner Ergänzungen, HdDStR Bd. II, S. 358 ff.

verfassungsrechtlichen Zweifel beim Ausnutzen des Haushaltsgesetzes als Druckmittel bestehen immer dort, wo Mitwirkungsmöglichkeiten beansprucht werden, die verfassungsrechtlich dem betreffenden Verfassungsorgan nicht zustehen.

B. Unterscheidung sachliches/zeitliches Bepackungsverbot

Im Rahmen des Bepackungsverbots wird unterschieden zwischen dem sachlichen Bepackungsverbot und dem zeitlichen Bepackungsverbot[4]. Das sachliche Bepackungsverbot verbietet, in das Haushaltsgesetz Vorschriften aufzunehmen, die sich nicht auf die Einnahmen und Ausgaben des Bundes beziehen. Der Inhalt des zeitlichen Bepackungsverbots besteht darin, daß in das Haushaltsgesetz keine Vorschriften aufgenommen werden dürfen, die über den Zeitraum hinauswirken, für den das Haushaltsgesetz beschlossen wird, oder die gar erst nach Ablauf dieses Zeitraums in Kraft treten sollen. Dieses zeitliche Bepackungsverbot ist jetzt durch Art. 110 Abs. 4 S. 2 GG eingeschränkt worden. Nach dieser Bestimmung kann das Haushaltsgesetz vorschreiben, daß seine Vorschriften erst mit Verkündung des nächsten Haushaltsgesetzes oder, soweit sie Ermächtigungen nach Art. 115 GG betreffen, erst zu einem späteren Zeitpunkt außer Kraft treten[5].

C. Unterscheidung Haushaltsgesetz/Haushaltsplan

Im Rahmen der Art. 109 ff. GG ist grundsätzlich zwischen dem Haushaltsgesetz und dem Haushaltsplan zu unterscheiden[6]. Diese Unterscheidung kommt deutlich im Wortlaut des Art. 110 GG zum Ausdruck

---

[4] *Piduch*, Bundeshaushaltsrecht, Art. 110 Rdn. 81; *Vialon*, Haushaltsrecht, Art. 110 Anm. 10 (S. 203).

[5] Die Bundesregierung begründete diese Einschränkung des zeitlichen Bepackungsverbots so: „Die Vorschrift ist für eine kontinuierliche Haushalts- und Kreditwirtschaft unerläßlich", BT-Drucks. V/3040 S. 45.

[6] *Piduch*, Bundeshaushaltsrecht, Art. 110 Rdn. 11; *Vialon*, Haushaltsrecht, Art. 110 Anm. 8 (S. 202); *Cronau*, Der Haushaltsplan als Ermächtigungsgrundlage für die sozialgestaltende Verwaltung, S. 90; *Henrichs*, Art. 113 GG und verwandte Bestimmungen, S. 189; *Vaubel*, Die Vorausbewilligung von Staatsausgaben, S. 101. Lediglich *Maunz / Dürig / Herzog*, Art. 110 Rdn. 8 sehen nach dem Wortlaut des Grundgesetzes keine Notwendigkeit zu einer Trennung von Haushaltsgesetz und Haushaltsplan. Andererseits sei offenbar eine Unterscheidung zwischen beiden durch das Grundgesetz nicht verboten, a.a.O. Im Interesse sachlicher Klarheit sollte diese Unterscheidung dennoch getroffen werden. *Maunz / Dürig / Herzog*, Art. 110 Rdn. 9 sehen denn auch den ganzen Haushaltsplan als Gesetz im formellen Sinn an, obwohl die Einzelpläne nicht verkündet werden und somit der Haushaltsplan das von ihnen selbst aufgestellte Erfordernis der Einhaltung des im Grundgesetz vorgeschriebenen förmlichen Gesetzgebungsverfahrens gerade nicht einhält. Darauf wird noch später zurückzukommen sein.

und entspricht zudem der Wortwahl in der Bundeshaushaltsordnung[7]. Damit ist auch für das Bepackungsverbot von dieser Unterscheidung auszugehen.

D. „Gegenständlicher" Umfang des Bepackungsverbots

Da Art. 110 Abs 4 GG nur vom Haushaltsgesetz spricht, wird die Frage zu stellen sein, ob das Bepackungsverbot auch für den Haushaltsplan gilt. Dieser „gegenständliche" Umfang des Bepackungsverbots soll an dieser Stelle noch offen bleiben.

---

[7] Vgl. die Unterscheidung in §§ 1, 18, 29, 30, 31, 32, 33 Bundeshaushaltsordnung (BHO) vom 19. August 1969 (BGBl. I S. 1284). Auch das „Gesetz über die Grundsätze des Haushaltsrechts des Bundes und der Länder" (HGrG) vom 19. August 1969 (BGBl. I S. 1273) geht von dieser Unterscheidung aus, vgl. etwa § 27 HGrG.

Zweiter Teil

Das Bepackungsverbot und die konstitutionelle Monarchie

§ 3 Historische Genese einer Verfassungsbestimmung

Eine Verfassung kann der Sache nach entweder ein Bedingungsverbot oder ein Bepackungsverbot im modernen Sinne oder beides zugleich enthalten. Beide Verbote sind zunächst weder begrifflich noch sachlich kongruent. Die Bewilligung von Abgaben oder Ausgaben unter Bedingungen, die unmittelbar mit den Abgaben oder Ausgaben nichts zu tun haben, betreffen immerhin sachlich und zeitlich die periodischen Bewilligungen und brauchen daher nicht unter die vom Bepackungsverbot untersagten Zusatzvorschriften des Haushaltsgesetzes zu fallen. Andererseits ist es denkbar, daß die durch das Bepackungsverbot untersagten Zusatzvorschriften ihrer Natur nach nicht Bedingungen für die Abgaben- oder Ausgabenbewilligung sind, so daß sie dem Bedingungsverbot nicht widersprechen würden. Diese notwendige Unterscheidung des Bedingungsverbots vom Bepackungsverbot im modernen Sinne läßt es daher überraschend erscheinen, wenn das frühkonstitutionelle Bedingungsverbot als Vorläufer des Bepackungsverbots bezeichnet wird[1]. Eigentliche Vorläufer dieses Instituts können nur in Budgetsystemen liegen, nach denen Budgetfeststellung und Ausgabeermächtigung in Gesetzesform erfolgen. Nur dann stellt sich die Frage, inwieweit in dieses Gesetz weitere Vorschriften aufgenommen werden dürfen. Dennoch ist das frühkonstitutionelle Bedingungsverbot auch für das Bepackungsverbot im modernen Sinne von Bedeutung. Soweit nämlich die Feststellung richtig ist, daß sich das Budgetrecht des Parlaments aus dem Steuerbewilligungsrecht entwickelt hat[2], ist es naheliegend, diese beiden Verbote in Verbindung zu setzen. Zum

---

[1] In der Regel geht man so weit, daß zwischen Bedingungsverbot und Bepackungsverbot überhaupt kein Unterschied mehr gemacht und einheitlich der Begriff „Bepackungsverbot" verwandt wird, vgl. etwa *Heckel*, Die Entwicklung des parlamentarischen Budgetrechts und seiner Ergänzungen, S. 365.
[2] *Mußgnug*, Bonner Kommentar, Vorbem. z. Art. 104 a - 115 Rdn. 20 ff.; *Piduch*, Bundeshaushaltsrecht, Einf. S. 10; *Patzig / Traber*, Haushaltsrecht des Bundes und der Länder, Einf. S. 24 ff.; *Heckel*, Die Entwicklung des parlamentarischen Budgetrechts und seiner Ergänzungen, S. 361 ff.

anderen können sich beide Verbote überschneiden, da auch die Bepackung des Haushaltsgesetzes mit einer Zusatzvorschrift als Bedingung für die Verabschiedung des Haushaltsgesetzes verstanden werden kann. Die historische Entwicklung des Bedingungsverbots bleibt daher auch für das Bepackungsverbot im modernen Sinne von Interesse.

A. Bedingungsverbot im Frühkonstitutionalismus

Als die Deutsche Bundesakte vom 8. Juni 1815 in Teil II, Art. 13 bestimmte: „In allen Bundesstaaten wird eine Landständische Verfassung stattfinden"[3], lag es mangels näherer Konkretisierungen nahe, daß die damaligen Verfassungsgeber an ausländische Bestimmungen anknüpfen und dabei auch Erfahrungen des altlandständischen Verfassungslebens verwerten würden[4]. So konnte es nicht ausbleiben, daß schon die ersten deutschen Verfassungen zur Zeit des Frühkonstitutionalismus das sog. Bedingungsverbot enthielten[5]. Im Rahmen der altlandständischen Verfassung hatten nämlich die Landstände die Steuerbewilligung oft von Zugeständnissen der Krone abhängig gemacht, um so weitere Rechte

---

[3] Zit. bei *Huber*, Dokumente, Bd. 1, S. 75 ff. (78); die Ausgestaltung der Landesverfassungen wurde erst bestimmt durch Art. 54 - 62 der Schlußakte der Wiener Ministerkonferenzen vom 15. Mai 1820, zit. bei *Huber*, Dokumente, S. 81 ff.

[4] *Friauf*, Der Staatshaushaltsplan im Spannungsfeld zwischen Parlament und Regierung, S. 21. Das Anknüpfen an die überkommene ständische Ordnung kam schon durch die Übernahme des Begriffs der „landständischen" Verfassung zum Ausdruck.

[5] Verfassungsurkunde für das Königreich Bayern vom 26. Mai 1818, Titel VII, § 9: „Die Stände können die Bewilligung der Steuern mit keiner Bedingung verbinden", zit. bei *Huber*, Dokumente, Bd. 1, S. 141 ff. (152). Ähnlich lautende Bestimmungen enthielten: Verfassungsurkunde für das Großherzogtum Baden vom 22. August 1818, § 56, zit. bei *Huber*, Dokumente, S. 157 ff. (163); Verfassungsurkunde für das Königreich Württemberg vom 25. September 1819, § 113, zit. bei *Huber*, Dokumente, S. 171 ff. (183); Verfassungsurkunde für das Großherzogtum Hessen vom 17. Dezember 1820, § 68, zit. bei *Zachariä*, Verfassungsgesetze, Bd. 1, S. 400 ff. (409); Grundgesetz für das Herzogthum Sachsen-Altenburg vom 29. April 1831, § 204 Abs. 2, zit. bei *Zachariä*, S. 574 ff. (619); Verfassungsurkunde für das Königreich Sachsen vom 4. September 1831, § 102, zit. bei *Huber*, Dokumente, S. 223 ff. (239); Landständische Verfassungsurkunde für das Fürstenthum Lippe vom 6. Juli 1836, § 6 Abs. 2, zit. bei *Zachariä*, S. 1075 ff. (1077); Verfassung des Herzogthums Sachsen-Coburg-Saalfeld vom 8. August 1821, § 72 Abs. 2, zit. bei *Pölitz*, Verfassungen, Bd. 1, S. 806 ff. (815); Verfassungsurkunde für das Fürstenthum Hohenzollern-Sigmaringen vom 11. Juli 1833, § 68 Abs. 3, zit. bei *Pölitz*, S. 533 ff. (540); Grundgesetz des Königreiches Hannover vom 26. September 1833, § 145 Abs. 3, zit. bei *Pölitz*, S. 571 ff. (596).

Auch spätere Landesverfassungen enthielten das Bedingungsverbot: Revidirtes Staatsgrundgesetz für das Fürstenthum Reuß Jüngerer Linie vom 14. April 1852, § 58, zit. bei *Zachariä*, S. 1038 ff. (1045); Staatsgrundgesetz für die Herzogthümer Coburg und Gotha vom 3. Mai 1852, § 127, zit. bei *Zachariä*, S. 652 ff. (671); Revidirtes Staatsgrundgesetz für das Großherzogthum Oldenburg vom 22. November 1852, Art. 188, zit. bei *Zachariä*, S. 900 ff. (932).

§ 3 Historische Genese einer Verfassungsbestimmung 19

oder Freiheiten durchzusetzen[6]. Die Steuerbewilligung hätte so das Instrument darstellen können, mit dem die Volksvertretungen die Herrschaft im Staate hätten erringen können. Diese Gefahr blieb natürlich auch der Krone nicht verborgen. Dabei konnte die Krone sich zur Unterstützung der Berechtigung ihrer Forderung um die Aufnahme eines Bedingungsverbots in die Verfassungen auch auf das Verbot der „tacked bills" in England berufen[7]. Schließlich wurde durch den „Bundesbeschluß über Maßregeln zur Aufrechterhaltung der gesetzlichen Ordnung und Ruhe in Deutschland" vom 28. Juni 1832 (Die Sechs-Artikel) in Art. 2 auch bundeseinheitlich die Verknüpfung der Steuerbewilligung mit anderen Bedingungen verboten[8].

Aus der Verfassungsgeschichte ist dennoch ein Fall bekannt, wo die Volksvertretung mit Hilfe der Androhung der Ablehnung der Steuerbewilligung weitere Zugeständnisse vom Monarchen zunächst erreichte[9]. Der badische Landtag verlangte 1831 als Bedingung für die Steuerbewilligung die Abschaffung der Pressezensur. Dieses Verlangen verstieß eindeutig gegen das Bedingungsverbot in § 56 der Verfassungsurkunde für das Großherzogthum Baden vom 22. August 1818. Karl Welcker als Fürsprecher des Landtags mußte daher dem Bedingungsverbot eine eingeschränkte Bedeutung zumessen. Nach Welcker sollte das Bedingungsverbot nur für aufschiebende oder auflösende Bedin-

---

[6] *J. J. Moser*, Von der Landeshoheit in Steuersachen, S. 598, schilderte es so: „Es seyn nämlich Landstände, die den Grundsatz haben: Fische für das Geld! seyn ebenso billig und vernünftig als: Geld für die Fische. Kurz: Sie wollen etwas für ihr Geld haben. Daß dieses der Ursprung vieler Landesfreyheyten seyn, ... ist schon anderwärts bemerkt worden ..." Vgl. auch *Struben, David Georg*, „Nebenstunden", 2. Teil, 10. Abhandlung: „Von Landständen".

[7] Zur Entwicklung in England, vgl. *Hatschek*, Englisches Staatsrecht, Bd. 1, S. 460/464; *Jellinek*, Gesetz und Verordnung, S. 130 ff.; *Gneist*, Englisches Verwaltungsrecht, S. 832 (842); *Jéze*, Allgemeine Theorie des Budgets, S. 65 f.; *Bauer*, Bepackte Haushaltsgesetze, S. 9 ff.; *Thierfelder*, Die staatsrechtliche Bedeutung des Staatshaushaltsplans, S. 3 ff.

[8] „Da gleichfalls nach dem Geiste des eben angeführten Art. 57 der Schlußacte und der hieraus hervorgehenden Folgerung, welche der Art. 58 ausspricht, keinem Deutschen Souverain durch die Landstände die zur Führung einer den Bundespflichten und der Landesverfassung entsprechenden Regierung erforderlichen Mittel verweigert werden dürfen, so werden Fälle, in welchen ständische Versammlungen die Bewilligung der zur Führung der Regierung erforderlichen Steuern auf eine mittelbare oder unmittelbare Weise durch die Durchsetzung anderweiter Wünsche und Anträge bedingen wollten, unter diejenigen Fälle zu zählen seyn, auf welche die Art. 25 und 26 der Schlußacte in Anwendung gebracht werden müßten", zit. bei *Zachariä*, S. 31. Die Art. 25 und 26 der Wiener Schlußacte vom 15. Mai 1820 (zit. bei *Zachariä*, S. 15 ff) gaben den Regierungen, hilfsweise der Bundesversammlung, das Recht, zur Wiederherstellung der Ordnung und Sicherheit einzuschreiten.

[9] Vgl. zum Folgenden *Huber*, Deutsche Verfassungsgeschichte, Bd. I, S. 602, Bd. II, S. 41 ff.

gungen gelten, „wo nachher die Unterthanen im Zweifel wären, ob sie zahlen sollen oder nicht und wo die Unterthanen auch wirklich zweifeln könnten, ob die Bedingungen erfüllt seyen oder nicht"[10]. Das Aufschieben der Steuerbewilligung bis zur Erfüllung der Forderungen des Landtags könne daher gegen dieses Bedingungsverbot nicht verstoßen, da nach Erfüllung der Forderungen das Finanzgesetz unbedingt erlassen werden könne. Trotz dieser „unverblümten Zweckinterpretation"[11] beugte sich die Landesregierung dem Druck des Landtags und erließ ein liberales Pressegesetz[12]. Nachdem aber die Bundesversammlung durch einstimmigen Beschluß vom 5. Juli 1832 dieses Pressegesetz für bundesrechtswidrig erklärt hatte, hob der Großherzog von Baden durch Verordnung[13] das liberale Pressegesetz wieder auf. Damit war auch in Baden die Verknüpfung der Steuerbewilligung mit Bedingungen im Ergebnis fehlgeschlagen.

B. Verfassungsurkunde für den Preußischen Staat vom 31. Januar 1850

Die Verfassungsurkunde für den Preußischen Staat vom 31. Januar 1850 (= Preußische revidierte Verfassung)[14] enthielt weder ein Bedingungsverbot noch ein ausdrückliches Bepackungsverbot für das Etatgesetz. Diese Verfassung gilt als „Prototyp" jener Verfassungen, nach denen der Haushaltsplan in Gesetzesform aufzustellen war[15]. Art. 99 der Verfassung bestimmte, daß alle Einnahmen und Ausgaben des Staates für jedes Jahr im Voraus zu veranschlagen und auf den „Staatshaushaltsetat" zu bringen seien, der durch ein Gesetz festgestellt werden müsse. Zur Verabschiedung dieses Gesetzes bedurfte es der Zustimmung beider Kammern des Landtags. Das Ausgabenbudget war von der Steuerbewilligung losgelöst, da die bei Inkrafttreten der Verfassung bestehenden Steuern und Abgaben gemäß Art. 109 der Verfassung forterhoben werden konnten. Die preußische Finanzverfassung beruhte daher auf dem Nebeneinander von permanenter Steuergesetzgebung und jährlicher Feststellung des Haushaltsplans durch ein

---

[10] Zitiert nach *van Calker*, Das Badische Budgetrecht, S. 105.

[11] *Mußgnug*, Der Haushaltsplan als Gesetz, S. 173.

[12] Badisches Gesetz über die Polizei der Presse und über die Bestrafung der Preßvergehen vom 28. Dezember 1831 (RegBl. 1832 S. 29).

[13] Verordnung vom 28. Juli 1832 (RegBl. 1832 S. 371).

[14] Zit. bei *Zachariä*, S. 76 ff.

[15] *Friauf*, Der Staatshaushaltsplan im Spannungsfeld zwischen Parlament und Regierung, S. 76. Schon vorher bestimmte allerdings die Verfassung des Herzogthums Sachsen-Coburg-Saalfeld vom 8. August 1821 in § 68 Nr. 2, zit. bei *Pölitz*, S. 806 ff. (814), daß die Etatsfeststellung durch Gesetz zu erfolgen habe. Das „Erstgeburtsrecht" wird daher der Preußischen Verfassung zu Unrecht zugeschrieben, vgl. *Friauf*, Staatshaushaltsplan, S. 45.

§ 3 Historische Genese einer Verfassungsbestimmung

Gesetz[16]. Durch die Garantie der bestehenden Steuern und Abgaben nach Art. 109 der Verfassung mag die Krone sich für ausreichend gesichert gefühlt haben, so daß sie auf die Aufnahme eines Bedingungsverbots in die Verfassung verzichten zu können glaubte. Der preußische Verfassungskonflikt von 1862-1866 zeigte allerdings, daß auch das Ausgabenbewilligungsrecht eine Achillessehne in das monarchische System eingezogen hatte[17]. Der Art. 109 der Verfassung stellte daher für die Krone nur eine unzureichende Sicherung dar, da ohne die Möglichkeit von Ausgaben eine Regierungstätigkeit nicht mehr durchzuführen ist. Ein Bedingungsverbot hätte also neben Art. 109 der Verfassung noch durchaus seinen Sinn gehabt.

Obwohl die Preußische Verfassung von 1850 kein Bedingungsverbot enthielt, ist ihre Auslegung durch die damalige Staatsrechtswissenschaft für die Entwicklung des Bepackungsverbots im modernen Sinne von großer Bedeutung. Erstmalig wurde nämlich für das Haushaltsgesetz das Verbot der Bepackung mit anderen Rechtsvorschriften abgeleitet, wobei selbst finanzwirksame Bestimmungen von diesem Verbot nicht ausgenommen wurden. Wie in vielen anderen Fragen des Haushaltsrechts auch, war es Laband, der hierfür die entscheidende Vorarbeit leistete. Laband begründete das ungeschriebene Bepackungsverbot für das Etatgesetz aus Art. 62 Abs. 3[18], wonach dem Herrenhaus bei der Feststellung des Etats das Recht zu Änderungen, welches bei allen anderen Gesetzesentwürfen beiden Häusern des Landtags zustand, entzogen war. Nach Laband's Auffassung würde bei einer Bepackung des Etatgesetzes mit anderen Rechtsvorschriften dem Herrenhaus die Möglichkeit genommen werden, diese Bestimmungen des Etatgesetzes abzuändern. Der „formelljuristische Grund" für die Unzulässigkeit der Bepackung des Etatgesetzes ergebe sich dabei aus der allgemein anerkannten Interpretationsregel, daß Bestimmungen (d. h. Art. 62 Abs. 3), „welche eine singuläre Ausnahme von den allgemeinen Rechtsgrundsätzen enthalten, strikte zu interpretieren seien"[19]. Es ist hier nicht der Ort, die Stichhaltigkeit der Laband'schen Begründung zu überprüfen[20].

---

[16] *Friauf*, Staatshaushaltsplan, S. 78.
[17] Zur Geschichte des Verfassungskonflikts, vgl. *Huber*, Deutsche Verfassungsgeschichte seit 1789, Bd. 3, S. 275 ff.
[18] Art. 62 Abs. 3 lautete: „Finanzgesetz-Entwürfe und Staatshaushalts-Etats werden zuerst der zweiten Kammer vorgelegt: letztere werden von der ersten Kammer im Ganzen angenommen oder abgelehnt", zit. nach *Zachariä*, S. 83.
[19] *Laband*, Das Budgetrecht nach den Bestimmungen der preußischen Verfassungsurkunde unter Berücksichtigung der Verfassung des Norddeutschen Bundes, S. 17.
[20] Die Auffassung von *Laband* ist schon deshalb zweifelhaft, weil er es versäumt, eine Begründung dafür zu geben, daß auch für die „anderen"

Jedenfalls entsprach die Annahme eines ungeschriebenen Bepackungsverbots für die Preußische Verfassung auch der h. M. in der damaligen Staatsrechtswissenschaft[21]. Laband kommt das Verdienst zu, das Bepackungsverbot aus der einseitigen Stoßrichtung Volksvertretung / Krone gelöst zu haben und die „horizontale" Ebene jener Verfassungsbestimmung erneut in's Bewußtsein gerufen zu haben. Soweit ein Zweikammer-System besteht, das der einen Kammer im Rahmen der Etatfeststellung weniger Rechte gewährt als im „normalen" Gesetzgebungsverfahren, kann sich das Bepackungsverbot als Schutzbestimmung für die bei der Etatfeststellung „schwächere" Kammer erweisen. Diese „horizontale" Ebene war übrigens in England der Bezugspunkt für das Verbot der „tacked bills", wo es das Oberhaus war, das sich mit diesem Verbot gegen den Versuch der Machtausdehnung durch das Unterhaus wandte[22].

C. Staatsgrundgesetz für die Herzogthümer Coburg und Gotha vom 3. Mai 1852

Das Staatsgrundgesetz für die Herzogthümer Coburg und Gotha vom 3. Mai 1852 bestimmte in § 119, daß der Voranschlag des Staatshaushaltes Gesetzgebungsgegenstand sei[23]. Diese Verfassung könnte für die entwicklungsgeschichtliche Ableitbarkeit des Bepackungsverbots im modernen Sinne aus dem konstitutionellen Bedingungsverbot deshalb von besonderer Bedeutung sein, weil sie neben der Gesetzlichkeit des Budgets auch ein Bedingungsverbot enthielt. § 127 lautete:

„Die Landtage sind nicht befugt, ihre Verwilligungen an Bedingungen zu knüpfen, welche den Zweck und die Verwendung derselben nicht selbst betreffen[24]."

Eine Verwandtschaft zum modernen Bepackungsverbot würde allerdings nur dann vorliegen, wenn sich dieses Bedingungsverbot auch auf die Bewilligung der Ausgaben erstreckt. Der Text des § 127 ergibt nicht eindeutig, ob sich die „Verwilligungen" nur auf die Steuern und Abgaben oder auch auf die Ausgaben beziehen. Das Staatsgrundgesetz für

---

Rechtsvorschriften das Abänderungsverbot des Art. 62 Abs. 3 überhaupt gilt. Rechtssystematisch hätte es doch nahe gelegen, die Ausnahmevorschrift in diesem Fall überhaupt nicht eingreifen zu lassen.

[21] *Bornhak*, Preußisches Staatsrecht, Bd. III, S. 609; *Arndt*, Die Verfassungsurkunde für den Preußischen Staat, Art. 62 Anm. 7; *von Stengel*, Das Staatsrecht des Königreichs Preußen, S. 290; *von Schulze-Gaevernitz*, Das Preußische Staatsrecht, S. 224.

[22] *Bauer*, Bepackte Haushaltsgesetze, S. 13 ff. Die Finanzgesetze, mit denen der Krone in England neue Einnahmequellen bewilligt wurden, konnte das Oberhaus nur im Ganzen annehmen oder verwerfen.

[23] Zit. bei *Zachariä*, S. 652 ff. (669).

[24] Zit. bei *Zachariä*, S. 652 ff. (671).

§ 3 Historische Genese einer Verfassungsbestimmung

die Herzogthümer Coburg und Gotha vom 3. Mai 1852 gehörte zu der Gruppe jener Verfassungen, nach denen der Landtag bei der Festsetzung der Staatsausgaben mitzuwirken hatte[25]. Der Landtag mußte also auch die Staatsausgaben „verwilligen". Das folgt zum einen aus der vorgeschriebenen Gesetzlichkeit des Budgets, zum anderen aus der zwingenden Vorschrift des § 124 S. 1 StGG 1852[26], wonach Überschreitungen des Voranschlags des Staatshaushaltes der nachträglichen Genehmigung des betreffenden Landtags oder „Landtags-Ausschusses" bedurften. Wenn im Text der Verfassung daher lediglich von „Verwilligungen" die Rede war, so mußte sich dieser Begriff als Oberbegriff sowohl auf die Bewilligung von Steuern und Abgaben als auch auf die Bewilligung der Ausgaben beziehen. Eine Gesamtschau mit anderen Vorschriften dieser Verfassung bestätigt diese Auslegung des Bedingungsverbots in § 127 StGG 1852. Soweit man nämlich deutlich machen wollte, daß mit der „Verwilligung" nur die Bewilligung der Steuern und Abgaben gemeint sein sollte, nahm man dies in den Text besonders auf[27]. Dazu hätte kein Anlaß bestanden, wenn mit „Verwilligung" immer nur die Bewilligung der Steuern und Abgaben bezeichnet werden sollte. Damit steht fest, daß sich das Bedingungsverbot des § 127 StGG 1852 auch auf die Ausgabenbewilligung erstreckte und somit eine Verwandtschaft mit dem modernen Bepackungsverbot vorliegt.

Zweifeln könnte man nur noch deshalb, weil bis 1852 im Herzogtum Sachsen-Coburg die Verfassung von Sachsen-Coburg-Saalfeld vom 8. August 1821 galt, deren Bedingungsverbot in § 72 Abs. 2 sich zumindest nach dem Wortlaut nur auf die Bewilligung von Steuern und Abgaben bezog[28]. Für das Staatsgrundgesetz 1852 ist diese Verfassung aber nur noch von beschränkter Aussagekraft. Es ist durchaus wahrscheinlich, daß bei der Formulierung des Staatsgrundgesetzes 1852 die mit dem Ausgabenbewilligungsrecht des Landtags verbundenen Gefahren für das monarchische System berücksichtigt worden sind, was zu einer Erstreckung des Bedingungsverbots auch auf das Ausgabenbewilligungsrecht führte.

---

[25] *Friauf*, Der Staatshaushaltsplan im Spannungsfeld zwischen Parlament und Regierung, S. 80.
[26] Zit. bei *Zachariä*, S. 652 ff. (670).
[27] Vgl. etwa § 119 Abs. 2: „Er (=Etat) enthält die auf diese Zeit beschränkte Verwilligung aller Steuern und Abgaben"; zit. bei *Zachariä*, S. 652 ff. (669).
[28] § 72 Abs. 2 lautete: „Diese sämmtlichen Steuern sollen niemals ohne vorhergegangenes Gehör der Stände und ohne deren ausdrückliche Verwilligung ausgeschrieben oder erhoben werden. Doch dürfen die Stände ihre Verwilligungen nicht an Bedingungen knüpfen, welche den Zweck und die Verwendung derselben nicht selbst betreffen"; zit. bei *Pölitz*, Verfassungen, Bd. 1, S. 806 ff. (815).

D. Verfassungsurkunde
für das Fürstenthum Waldeck vom 17. August 1852

Die Verfassung von Waldeck von 1852 ist für die Entwicklung des konstitutionellen Bedingungsverbots zum modernen Bepackungsverbot ebenfalls von Interesse. Diese Verfassung sah in § 86 die Feststellung des Etats durch ein Gesetz vor[29]. Das Bedingungsverbot in § 87 Abs. 2 lautete:

> „Die Bewilligungen dürfen nicht an Bedingungen geknüpft werden, welche mit dem Wesen der vorgeschlagenen Ausgaben oder mit der Verwendung der zu verwilligenden Gelder nicht in unmittelbarem Zusammenhange stehen[30]."

Der Wortlaut dieser Bestimmung spricht eindeutig dafür, daß sich das Bedingungsverbot auch auf die Bewilligung von Ausgaben bezog. Es wäre insbesondere unzutreffend aus dem Ausdruck „vorgeschlagene Ausgaben" die Vermutung herzuleiten, daß der Landtag trotz der gesetzlichen Feststellung des Staatshaushaltsplanes lediglich über die Einnahmen beschloß und die Budgetfeststellung nur die Grundlage für diese Feststellung bildete. Dagegen spricht schon die Bestimmung des § 87 Abs. 1 der Verfassung[31], die eine Bindung der Regierung an die Etatansätze bedeutete. Auch die Verfassung von Waldeck von 1852 gehörte zu der Gruppe jener Verfassungen, nach denen der Landtag bei der Festsetzung der Staatsausgaben mitzuwirken hatte[32]. Das Bedingungsverbot dieser Verfassung bezog sich daher auch auf die Bewilligung von Ausgaben. Damit zeigt die Verfassung von Waldeck von 1852 ebenfalls die enge Verwandtschaft des konstitutionellen Bedingungsverbots zum modernen Bepackungsverbot. Die damaligen Verfassungsgeber verknüpften einfach die Gesetzlichkeit des Budgets mit dem ursprünglich nur für das Steuerbewilligungsrecht vorgesehenen Bedingungsverbot[33].

---

[29] Zit. bei *Zachariä*, S. 1094 ff. (1104).

[30] Zit. bei *Zachariä*, S. 1094 ff. (1104).

[31] § 87 Abs. 1 lautete: „Jede Bewilligung gilt nur für den besonderen Zweck, für welchen sie bestimmt worden ist. Die Verwendung darf nur innerhalb der Grenzen der Verwilligung erfolgen"; zit. bei *Zachariä*, S. 1094 ff. (1104).

[32] *Friauf*, Der Staatshaushaltsplan im Spannungsfeld zwischen Parlament und Regierung, S. 79 f.

[33] Als weiteres Beispiel könnte man auch das Grundgesetz für das Fürstenthum Schwarzburg-Rudolstadt vom 21. März 1854 anführen. Gemäß § 28 Abs. 2 erfolgte die Haushaltsfeststellung durch ein Gesetz. Die Verfassung enthielt ein verklausuliertes Bedingungsverbot in § 28 Abs. 3, der lautete:

> „Für die Aufstellung und Feststellung dieses Etats sind die Grundsätze maßgebend, daß das Fürstenthum jeder Zeit im Stande sein muß, bundes- und vertragsmäßigen Verpflichtungen zu genügen und daß die gesammte Staatsverwaltung eine solche Einrichtung erhalte, welche den wahren Bedürfnissen des Landes, sowie den Sitten, Gebräuchen und Herkommen in

E. Reichsverfassung vom 16. April 1871

Das Haushaltswesen war in der Reichsverfassung 1871 gemäß dem „preußischen Modell" geregelt. Weder die Verfassung des Norddeutschen Bundes vom 16. April 1867[34], noch die Verfassung des Deutschen Reiches vom 16. April 1871[35] enthielten ein Bedingungsverbot oder ein ausdrückliches Bepackungsverbot. Die damalige Staatsrechtswissenschaft entwickelte aber auch für die Reichsverfassung ein ungeschriebenes Bepackungsverbot, wobei die gegebenen Begründungen unterschiedlich ausfielen. Da eine dem Art. 62 Abs. 3 der Verfassungsurkunde für den Preußischen Staat vom 31. Januar 1850 entsprechende Vorschrift in der Reichsverfassung vom 16. April 1871 fehlte, das Zustandekommen des Etatgesetzes vielmehr der allgemeinen Bestimmung des Art. 5 der Reichsverfassung unterlag, wonach für ein Reichsgesetz die Übereinstimmung der Mehrheitsbeschlüsse des Bundesraths und des Reichstags erforderlich und ausreichend war, mußte die Begründung für ein ungeschriebenes Bepackungsverbot notwendigerweise anders sein. Inhaltlich wurde das ungeschriebene Bepackungsverbot zumeist auf alle Rechtsvorschriften erstreckt, ohne also finanzwirksame Vorschriften ausdrücklich für zulässig zu erklären. Die gegebenen Begründungen ließen teilweise auch eine Ableitung aus dem nun schon historischen Bedingungsverbot erkennen. So sah Laband die eigenmächtige Bepackung des Etatgesetzes mit anderen Rechtsvorschriften durch den Reichstag als „seinem Zweck" widersprechend an[36]. Max von Seydel stellte auf die „Natur der Etatsprüfung" ab. Die Prüfung des Etats könne nur die geltenden Gesetze in ihrer Wirkung auf den Etat anerkennen. Niemals aber könne sie dazu führen, die geltenden Gesetze zu ändern oder, in der Form der Bedingung der Willigung, die verbündeten Regierungen zu einer solchen Änderung zu zwingen[37]. Auch Arndt begründete das ungeschriebene Bepackungsverbot aus der Bindung des Reichstags an die bestehenden Gesetze im Rahmen des Ausgabenbewilligungsrechts[38].

---

anderen, wohlgeordneten, monarchischen deutschen Staaten von ungefähr gleichem Umfange entspricht"; zit. bei *Zachariä*, S. 1017 ff. (1022).
Durch den Hinweis auf die anderen monarchischen deutschen Staaten war das Bedingungsverbot in die Verfassung integriert. Auch in Schwarzburg-Rudolstadt waren daher Gesetzlichkeit des Budgets und Bedingungsverbot verknüpft.

[34] Zit. bei *Huber*, Dokumente, Bd. II, S. 227 ff.
[35] Zit. bei *Huber*, Dokumente, S. 289 ff.
[36] *Laband*, Das Staatsrecht des Deutschen Reiches, Bd. IV, S. 529. Laband hielt aber eine Bepackung dann für zulässig, wenn die an der Gesetzgebung beteiligten Organe insgesamt einverstanden waren.
[37] *von Seydel*, Commentar zur Verfassungsurkunde für das Deutsche Reich, Art. 71 Anm. II (S. 395).
[38] *Arndt*, Das Staatsrecht des Deutschen Reiches, S. 332.

Damit zeigt sich, daß die gegebenen Begründungen für die Bejahung eines ungeschriebenen Bepackungsverbots in der Reichsverfassung letztlich aus der Auffassung vom Haushaltsgesetz als bloß „formellem Gesetz", als Verwaltungsakt in Gesetzesform und von der Annahme einer administrativen Gebundenheit des Reichstags bei Erlaß des Haushaltsgesetzes abgeleitet worden sind[39]. Auf diese Lehre wird in anderem Zusammenhang noch einzugehen sein. Jedenfalls war das ungeschriebene Bepackungsverbot auch für die Reichsverfassung vom 16. April 1871 anerkannt und entsprach auch, wie Bauer nachgewiesen hat[40], der damaligen parlamentarischen Praxis.

F. Ergebnis

Die Darstellung der historischen Entwicklung vom Bedingungsverbot zum Bepackungsverbot im modernen Sinn zur Zeit der konstitutionellen Monarchie hat gezeigt, daß man das Bepackungsverbot zu Recht der „Traditionskompanie Preußens"[41] im 10. Abschnitt des Grundgesetzes über das Finanzwesen zurechnen kann. Diese Verfassungsbestimmung verdankt ihre Entstehung der Auslegung der Preußischen Verfassung von 1850 durch Laband, wobei dieser die Begründung aus den Besonderheiten des Gesetzgebungsverfahrens beim Haushaltsgesetz ableitete. Es mag offen bleiben, ob sich Laband unter dem Eindruck des preußischen Verfassungskonflikts von 1862 - 1866 nicht gerade wegen des Fehlens eines Bedingungsverbots in der Preußischen Verfassung von 1850 dieser Begründung bediente. Die Verfassungen von Coburg-Gotha und Waldeck zeigen die enge Verwandtschaft zwischen Bedingungsverbot und Bepackungsverbot. Die Etatfeststellung unterlag besonderen Verboten, sei es als Bedingungsverbot oder aber als Bepackungsverbot. Im folgenden soll versucht werden, jene besonderen Verbote aus den formellen oder materiellen Budgettypen der Verfassungen der konstitutionellen Monarchie zu erklären.

§ 4 Form der Etatfeststellung und geschriebene Verbote

A. Formen der Etatfeststellung

Die Verfassungen der konstitutionellen Monarchie unterschieden zwei Arten der gemeinschaftlichen Budgetfeststellung von Regierung

---

[39] Folgerichtig hielten daher die Gegner der Lehre vom „Gesetz im formellen Sinn" eine Bepackung des Haushaltsgesetzes für unbeschränkt zulässig, vgl. *Haenel*, Das Gesetz im formellen und materiellen Sinne, S. 309 f.; *Zorn*, Das Staatsrecht des deutschen Reichs, S. 447 f.

[40] *Bauer*, Bepackte Haushaltsgesetze, S. 60 ff., der aber auch Verstöße gegen das Bepackungsverbot feststellt.

[41] *Hettlage*, Die Finanzverfassung im Rahmen der Staatsverfassung, in: VVDStRL Heft 14, S. 2 ff. (13).

und Landtagen: das vereinbarte Budget durch einfachen Beschluß oder die Budgetfeststellung durch Gesetz[1]. Hinter dem vereinbarten Budget stand die periodische Steuerbewilligung, die, aus der Sicht der Krone, bedingungsfeindlich angelegt sein mußte. Die Aufnahme besonderer geschriebener Verbote in die Verfassungen könnte die Folge eines jener Budgettypen gewesen sein. Die Zuordnung zu einem bestimmten Budgettyp ließe dann auch Folgerungen hinsichtlich der Strukturbedingtheit jener Verfassungsbestimmungen zu.

B. Vergleich von Verfassungen

Die Unterschiede in der Form der Budgetfeststellung waren aber für die Aufnahme besonderer geschriebener Verbote in die Verfassungen unerheblich. So sahen etwa das Staatsgrundgesetz für die Herzogthümer Coburg und Gotha vom 3. Mai 1852 und die Verfassungsurkunde für das Fürstenthum Waldeck vom 17. August 1852 die Gesetzlichkeit des Budgets vor[2] und bestimmten dazu auch ein ausdrückliches Bedingungsverbot hinsichtlich dieses Budgetgesetzes[3]. Demgegenüber fehlte diese Vorschrift in der Verfassungsurkunde für den Preußischen Staat vom 31. Januar 1850[4], die allgemein als Prototyp jener Verfassungen, nach denen der Haushaltsplan in Gesetzesform aufzustellen war, gilt. Die Verbindung des Bedingungsverbots mit der Gesetzlichkeit des Budgets kommt so nur zufällige Bedeutung zu. Aus dem vorliegenden Quellenmaterial läßt sich heute nicht belegen, welche konkreten Gründe dazu geführt haben, daß man in den betreffenden Staaten zur Gesetzesform für den Haushaltsplan übergegangen ist[5]. Für die Gesetzlichkeit des Budgets in der Verfassungsurkunde für den Preußischen Staat vom 31. Januar 1850 ist sogar die Auffassung vertreten worden, daß die Gesetzesform letztlich auf einem Übersetzungsfehler der belgischen Verfassung von 1831 beruhte, wobei die Verfassungskommission „flüchtig und mehr oder weniger gedankenlos" handelte[6].

---

[1] *Friauf*, Der Staatshaushaltsplan im Spannungsfeld zwischen Parlament und Regierung, S. 66 ff.
[2] § 119 des Staatsgrundgesetzes für die Herzogthümer Coburg und Gotha v. 3. Mai 1852, zit. bei *Zachariä*, Verfassungsgesetze, Bd. 1, S. 652 ff. (669); § 86 der Verfassungsurkunde für das Fürstenthum Waldeck v. 17. August 1852, zit. bei *Zachariä*, S. 1094 ff. (1104).
[3] § 127 des Staatsgrundgesetzes für die Herzogthümer Coburg und Gotha v. 3. Mai 1852, zit. bei *Zachariä*, S. 671; § 87 Abs. 2 der Verfassungsurkunde für das Fürstenthum Waldeck v. 17. August 1852, zit. bei *Zachariä*, S. 1104.
[4] Vgl. dazu oben § 3 B.
[5] *Friauf*, Der Staatshaushaltsplan im Spannungsfeld zwischen Parlament und Regierung, S. 86.
[6] *Mußgnug*, Der Haushaltsplan als Gesetz, S. 250 f.

C. Ergebnis

Ein Vergleich der Verfassungen der konstitutionellen Monarchie ergibt damit, daß zwischen der Form der Etatfeststellung und der Aufnahme besonderer geschriebener Verbote keine Parallelität bestand. Friauf hat weitere Übereinstimmungen der Regelungen des Haushaltsrechts in den unterschiedlichen Budgettypen nachgewiesen[7]. Es kann hier offen bleiben, ob seine Ansicht zutrifft, daß daher die Wahl der Gesetzesform eine bloße Formvorschrift ohne besondere materielle Qualität dargestellt hat[8]. Bedingungs- oder Bepackungsverbot können jedenfalls nicht am Maßstab der Gesetzlichkeit des Budgets gewertet werden.

§ 5 Einflußmöglichkeit der Landtage auf Staatsausgaben und geschriebene Verbote

A. Einflußmöglichkeiten der Landtage auf Staatsausgaben

Die Verfassungen der konstitutionellen Monarchie regelten die parlamentarische Mitwirkung bei der Bestimmung der Staatsausgaben in unterschiedlicher Art und Weise. Trotz aller Divergenzen im Detail lassen sich auch hier zwei Hauptrichtungen unterscheiden. Die Mehrzahl der Verfassungen des Frühkonstitutionalismus gaben den Landtagen lediglich das Recht der Steuerbewilligung[1]. Damit bestand keine Beteiligung der Landtage an der Festsetzung der staatlichen Ausgaben, sondern nur eine Mitwirkung an den Gesetzen, die zum Vollzuge des Budgets notwendig waren, insbesondere also an den die Regierung zur Steuererhebung ermächtigenden Finanzgesetzen. Neben dieser ersten

---

[7] *Friauf*, Staatshaushaltsplan, S. 85 f.

[8] *Friauf*, Staatshaushaltsplan, S. 89; dagegen *Mußgnug*, Der Haushaltsplan als Gesetz, S. 261 ff. mit der Begründung, daß die Bismarck'sche „Lückentheorie" glaubwürdiger geklungen hätte, wenn sie auf dem mangelnden Gesetzescharakter des Etats hätte aufbauen können.

[1] Lange Zeit wurde sogar die Ansicht vertreten, daß alle bis 1848 in Kraft getretenen Verfassungen den Landtagen nur ein Steuerbewilligungsrecht gewährt hätten, vgl. G. *Jellinek*, Regierung und Parlament in Deutschland, S. 9; *Heckel*, Die Entwicklung des parlamentarischen Budgetrechts und seiner Ergänzungen, S. 365 f.; *Kichler*, Entwicklung und Wandlung des parlamentarischen Budgetbewilligungsrechts in Deutschland, S. 26.
Friauf, Der Staatshaushaltsplan im Spannungsfeld zwischen Parlament und Regierung, S. 39 ff. hat allerdings nachgewiesen, daß auch schon im Frühkonstitutionalismus Verfassungen existierten, nach denen die Landtage bei der Festsetzung der Staatsausgaben mitzuwirken hatten. Die von Friauf angeführten Verfassungsbeispiele sollten aber nach *Mußgnug*, Der Haushaltsplan als Gesetz, S. 156 ff. zurückhaltender beurteilt werden, insbesondere sollte um die Verfassung von Sachsen-Coburg nicht die „Gloriole eines frühzeitig verwirklichten parlamentarischen Regierungssystems gewoben" werden, *Mußgnug*, Haushaltsplan, S. 161.

§ 5 Einfluß der Landtage auf Staatsausgaben und Verbote

Gruppe gab es die zumeist jüngeren Verfassungen, nach denen die Landtage in unterschiedlichem Umfang bei der Bewilligung der Staatsausgaben mitzubestimmen hatten. Die Aufnahme eines geschriebenen Verbots in die Verfassung könnte nun die Folge der verfassungsrechtlichen Anerkennung einer Mitwirkung des Landtags bei der Festsetzung der Staatsausgaben gewesen sein. Der Vergrößerung der Macht des Landtags durch eine direkte Einflußmöglichkeit auf die Staatsausgaben könnte als flankierende Maßnahme auf der anderen Seite das geschriebene Verbot gegenüber gestanden haben.

B. Vergleich von Verfassungen

Eine derartige Parallelität zwischen der Einflußmöglichkeit der Landtage auf die Staatsausgaben und der Aufnahme eines geschriebenen Verbots in den Verfassungen läßt sich indessen durch einen Vergleich der Verfassungen der konstitutionellen Monarchie nicht begründen. So enthalten sowohl die Verfassungsurkunde für das Königreich Bayern vom 26. Mai 1818[2] als auch die Verfassungsurkunde für das Großherzogthum Baden vom 22. August 1818[3] ein Bedingungsverbot, obwohl nach diesen Verfassungen den Landtagen nur das Recht der Steuerbewilligung zustand[4]. Andererseits enthält zwar die Verfassungsurkunde für das Königreich Württemberg vom 25. September 1819[5], die als erste Verfassung mit Mitwirkungsrecht des Landtags bei der Feststellung sämtlicher Staatsausgaben angesehen wird[6], ein geschriebenes Bedingungsverbot[7]. Als korrespondierende Maßnahme gegenüber dem Ausgabenbewilligungsrecht läßt sich die Aufnahme jener Verfassungsvorschrift aber schon wegen der gleichlautenden Bestimmungen in Bayern und Baden nicht deuten.

C. Ergebnis

Es läßt sich also feststellen, daß ein Mehr an Macht der Landtage bei der Feststellung der Staatsausgaben für die Aufnahme eines geschriebenen Verbots in die Verfassungen offenbar unerheblich gewesen

---

[2] Titel VII, § 9 der Verfassungsurkunde für das Königreich Bayern vom 26. Mai 1818, zit. bei *Huber*, Dokumente, Bd. 1, S. 141 ff. (152).
[3] § 56 der Verfassungsurkunde für das Großherzogthum Baden vom 22. August 1818, zit. bei *Huber*, Dokumente, S. 157 ff. (163).
[4] *Friauf*, Staatshaushaltsplan, S. 55.
[5] Zit. bei *Huber*, Dokumente, S. 161 ff.
[6] *Friauf*, Staatshaushaltsplan, S. 42; *Huber*, Deutsche Verfassungsgeschichte seit 1789, Bd. 1, S. 349; *G. Jellinek*, Budgetrecht, S. 316; zweifelnd gegenüber einer derartigen Auslegung, *Mußgnug*, Haushaltsplan, S. 182 ff.
[7] § 113 der Verfassungsurkunde für das Königreich Württemberg vom 25. September 1819.

ist. Diese Verfassungsbestimmung läßt sich nicht aus Unterschieden in der verfassungsrechtlichen Gestaltung des Budgetwesens erklären, da sich kein formeller oder materieller Typ einheitlich und ausschließlich dem Bedingungs- oder Bepackungsverbot zuordnen läßt. Man wird daher dieses haushaltsrechtliche Verfassungsinstitut zu den tragenden Strukturprinzipien der Verfassungen der konstitutionellen Monarchie in Verbindung setzen müssen, um so den Sinn und die Logik dieser Verfassungsvorschrift näher zu bestimmen.

§ 6 Strukturprinzipien der Verfassungen und Logik der besonderen Verbote

A. *Monarchisches Prinzip*

Die Verfassungen des deutschen Frühkonstitutionalismus enthielten fast alle die „klassische Formel"[1], die Staatseinheit und monarchisches Prinzip gleichermaßen zum Ausdruck bringt. Danach ist der Herrscher Oberhaupt des Staates, vereinigt in sich alle Rechte der Staatsgewalt und übt sie unter den durch die Verfassung festgesetzten Bestimmungen aus[2]. Diese Gewährleistung des monarchischen Prinzips wurde zudem durch Art. 57 der Schlußakte der Wiener Ministerialkonferenzen vom 15. Mai 1820 auch bundesrechtlich vorgeschrieben[3]. Allerdings wurde weder in die Preußische Verfassung vom 31. Januar 1850 noch in die Reichsverfassung vom 16. April 1871 das monarchische Prinzip ausdrücklich aufgenommen. Die überwiegende Meinung in der Staatsrechtslehre sah das monarchische Prinzip freilich als einen allgemeinen Rechtsgrundsatz des deutschen Staatsrechts an, der auch „denjenigen Verfassungen zugrunde liege, welche ihn nicht in ausdrücklicher Formulierung enthalten"[4]. Die dafür gegebenen Begründungen mögen

---

[1] *Böckenförde*, Gesetz und gesetzgebende Gewalt, S. 72.

[2] So heißt es etwa in § 4 der Verfassungsurkunde für das Königreich Württemberg vom 25. September 1819: „Der König ist das Haupt des Staates, vereinigt in sich alle Rechte der Staatsgewalt und übt sie unter den durch die Verfassung festgesetzten Bestimmungen aus, zit. bei *Zachariä*, Verfassungsgesetze, Bd. 1, S. 295 (297).

[3] Art. 57 der Schlußakte der Wiener Ministerialkonferenzen vom 15. Mai 1820 lautet: „Da der deutsche Bund, mit Ausnahme der freien Städte, aus souverainen Fürsten besteht, so muß dem hierdurch gegebenen Grundbegriffe zufolge, die gesammte Staatsgewalt in dem Oberhaupte des Staats vereinigt bleiben, und der Souverain kann durch eine landständische Verfassung nur in der Ausübung bestimmter Rechte an die Mitwirkung der Stände gebunden werden", zit. *Zachariä*, S. 27 f. Die Gewährleistung des monarchischen Prinzips war auch Anlaß weiterer Bundesbeschlüsse, etwa der Bundesbeschluß vom 16. August 1824 über Erhaltung des monarchischen Prinzips in den deutschen Bundesstaaten oder der Bundesbeschluß vom 28. Juni 1832, Maßregeln zu Aufrechterhaltung der gesetzlichen Ordnung und Ruhe in den Bundesstaaten betreffend.

[4] *Meyer / Anschütz*, Lehrbuch des Deutschen Staatsrechts, S. 272.

§ 6 Strukturprinzipien und Logik der besonderen Verbote

rechtlich zweifelhaft sein[5]. Dennoch soll hier, wenn vielleicht methodisch auch anfechtbar[6], von der Geltung des monarchischen Prinzips für diese Verfassungen ausgegangen werden.

Die Rückführung der besonderen Verbote auf Strukturprinzipien der Verfassungen sieht sich zudem einer weiteren Schwierigkeit gegenüber. Das monarchische Prinzip ist „politisch von erstaunlicher Vieldeutigkeit"[7] und enthält als staatspolitische Theorie sehr verschiedenartige Ideen und Bestrebungen. Trotz dieser Bedenken bringt das monarchische Prinzip immerhin jene beiden Grundsätze zum Ausdruck, die das konstitutionelle Staatsrecht beherrschen. Danach wurde die königliche Gewalt durch die Verfassungen nicht konstituiert, sondern vorausgesetzt. E. Kaufmann hat dies die „Superiorität und Präexistenz der königlichen Gewalt im Verhältnis zu der Verfassung"[8] genannt. Mit dieser Präexistenz-Lehre hängt die weitere Unterscheidung zusammen, wonach bei der Staatsgewalt zwischen dem jus und dem exercitium zu trennen sei. In der Person des Monarchen als Träger der Staatsgewalt vereinige sich das ganze jus, während das Parlament auf einen begrenzten Anteil an dem exercitium verwiesen wird. Hierbei handelte es sich allerdings um „eine eigentümlich doktrinelle Unterscheidung"[9]. Denn es kommt auf eine contradictio in adjecto hinaus, dort noch von einer Gewalt zu sprechen, wo ihre Ausübung nicht mehr möglich ist[10].

---

[5] So *Mallmann*, Die Sanktion im Gesetzgebungsverfahren, S. 128; *E. Kaufmann*, Studien zur Staatslehre des monarchischen Prinzipes, S. 43 ff.

[6] *Mallmann*, Budgetrecht und Konstitutionalismus, Der Staat 1971, S. 100 ff. (108) macht Friauf den Vorwurf, das monarchische Prinzip nur so ausgelegt zu haben, wie es den damaligen Auffassungen entsprach und damit zu unterstellen, was zu untersuchen gewesen wäre. Dieser Vorwurf könnte auch hier erhoben werden. Das würde aber Einvernehmen über die richtige Methode voraussetzen. Hier soll *E. R. Huber*, Deutsche Verfassungsgeschichte seit 1789, S. 11 f., gefolgt werden, wenn er sagt: „Entscheidend für den Kerngehalt des konstitutionellen Systems ist, was es als Einheit von Norm und Realität, als Einheit von Idee und Existenz bedeutet hat. Es kommt für das Wesen des Konstitutionalismus also weder allein auf das an, was in den Verfassungsurkunden stand, noch allein auf das, was sich im Aktionsfeld der politischen Kräfte begab, sondern auf beides zugleich. Erst aus dieser Wechselwirkung ergibt sich das Wesen des Konstitutionalismus als verfassungsmäßiger Ordnung..."

[7] *G. Jellinek*, Regierung und Parlament in Deutschland, S. 7.

[8] *E. Kaufmann*, Studien zur Staatslehre des monarchischen Prinzipes, S. 39.

[9] *Forsthoff*, Deutsche Verfassungsgeschichte der Neuzeit, S. 108.

[10] Das Dogma von der alleinigen Souveränität des Monarchen wurde in der deutschen Staatslehre allerdings bald durch das Staatspersönlichkeitsdogma abgelöst, wonach die Souveränität auf den Staat als solchen als Persönlichkeit bezogen und der Monarch zum Staatsorgan „degradiert" wurde. Dem monarchischen Prinzip trug man dadurch Rechnung, daß der Herrscher zum höchsten Staatsorgan erklärt wurde. Damit lebte die Souveräni-

Die Verfassungen der konstitutionellen Monarchie waren dualistisch. Der König repräsentierte den Staat gegenüber dem Volk, das Parlament repräsentierte das Volk gegenüber dem König. Es gab keine Versöhnung dieser Organe in der Einheit eines primären Organs[11]. Das Parlament war in diesem Verfassungssystem nur „beschränkendes Element"[12]. Seine Mitwirkungsakte hatten nur die königliche Gewalt begrenzende Funktion. Dort aber, wo die Verfassung auf Zusammenarbeit zwischen Parlament und Regierung angelegt war, mußten die Gefahren des bestehenden Dualismus möglichst gering gehalten werden. Die Gefahren waren um so größer, als der Kompromiß für das Funktionieren der Staatstätigkeit unentbehrlich war: ohne Steuerbewilligung keine Einnahmen, ohne Einnahmen keine Ausgaben.

B. Gesetzgebende Gewalt als Sanktion

Neben der Steuerbewilligung hatten die Volksvertretungen auch bei der Gesetzgebung mitzuwirken[13]. Die Staatsrechtswissenschaft sah es allerdings als selbstverständlich an, daß das Parlament keinen mit dem Monarchen gleichwertigen Anteil an der Ausübung der gesetzgebenden Gewalt besitze[14]. Zur Begründung dieser, nach dem Wortlaut der Verfassungen überraschenden Auffassung, bedurfte es einer eigenartigen „begriffsspaltenden Konstruktion"[15] des Gesetzesbeschlusses. Die spätkonstitutionelle „Sanktionstheorie" unterschied zwischen Gesetzesinhalt und Gesetzesbefehl, wobei die Sanktion den juristischen Kern des Gesetzesbegriffs ausmachte. Damit war das monarchische Prinzip auch bei der Gesetzgebung juristisch gewährleistet, denn die Sanktion kam dem Monarchen allein zu, nur bei der Feststellung des

---

tätsfrage im „Gewande der Organsouveränität" auf anderer Ebene fort, vgl. *Jesch*, Gesetz und Verwaltung, S. 76 ff.; *Ossenbühl*, Verwaltungsvorschriften und Grundgesetz, S. 45 ff.

[11] *Kimminich*, Deutsche Verfassungsgeschichte, S. 329; *Jesch*, Gesetz und Verwaltung, S. 88; *Ossenbühl*, Verwaltungsvorschriften und Grundgesetz, S. 50; *Friauf*, Der Staatshaushaltsplan im Spannungsfeld zwischen Parlament und Regierung, S. 211 ff.

[12] *Meyer / Anschütz*, Lehrbuch des Deutschen Staatsrechts, S. 268; *G. Jellinek*, Regierung und Parlament in Deutschland, S. 34.

[13] Vgl. etwa Art. 62 der Preußischen Verfassung vom 31. Januar 1850: „Die gesetzgebende Gewalt wird gemeinschaftlich durch den König und durch zwei Kammern ausgeübt. Die Übereinstimmung des Königs und beider Kammern ist zu jedem Gesetze erforderlich", zit. nach *Zachariä*, Verfassungsgesetze, Bd. 1, S. 76 ff. (83).

[14] *Meyer / Anschütz*, Lehrbuch des Deutschen Staatsrechts, S. 652; *G. Jellinek*, Gesetz und Verordnung, S. 312 ff.; *Seidler*, Budget und Budgetrecht, S. 205 als Vertreter des Spätkonstitutionalismus mit Verweisen auf noch frühere Autoren. Zur Zeitbedingtheit dieser restriktiven Interpretationen vgl. *Mußgnug*, Der Dispens von gesetzlichen Vorschriften, S. 44.

[15] *Böckenförde*, Gesetz und gesetzgebende Gewalt, S. 229, Fußn. 15.

§ 6 Strukturprinzipien und Logik der besonderen Verbote 33

Gesetzesinhalts durfte die Volksvertretung nach dieser Auffassung mitwirken. Diese Zuordnung der Substanz der gesetzgebenden Gewalt zum Monarchen wird heute allgemein abgelehnt[16].

Für die Einordnung der besonderen Verbote in die Verfassungsstruktur der konstitutionellen Monarchie kann es letztlich offen bleiben, ob die Gesetzgebung gesamthänderisch dem Monarchen und dem Parlament zustand. Selbst wenn der Monarch nur gesamthänderisch zur Gesetzgebung berechtigt war, so mußte auch hier ein besonderes Verbot ihn davor schützen, seine Entschließungsfreiheit unter dem Druck parlamentarischer Drohungen mit der Steuer- oder Ausgabenverweigerung zu verlieren. Die besonderen Verbote zeigen sich so als strukturbedingte Verfassungsbestimmungen, die der Geltung des monarchischen Prinzips auch bei den notwendigen Mitwirkungsakten der Volksvertretungen Raum verschaffen sollten. Die Logik der Verfassungen verlangte besondere Verbote, deren Umfang dazu noch möglichst weit ausgelegt werden mußte.

C. Affinität zur Impermeabilitätslehre

Das Bepackungsverbot entsprach zudem der spätkonstitutionellen Übertragung des zivilrechtlichen Begriffs der juristischen Person auf den Staat. Dieses Staatspersönlichkeitsdogma besagte, daß alles, was sich innerhalb der Staatspersönlichkeit abspiele und auswirke, nicht dem Recht zugehören könne, da „Verhaltensregeln, die ein einzelner sich selbst gibt, ... niemals Rechtsvorschriften sein können"[17]. Der Staat wird damit als für das Recht undurchdringlich angesehen. Konsequente Folge dieser „Impermeabilitätslehre" des Staats ist es dann aber, die Bepackung des Haushaltsgesetzes mit „echten" Rechtsvorschriften als seinem Wesen widersprechend anzusehen, da gerade dem Haushaltsgesetz nur Innenwirkungen beigemessen wurde. Das Bepackungsverbot hatte somit auch nach dieser Staatslehre einen verfassungsrechtlichen Sinn. Diese „atomistisch-mechanische Auffassung"[18] vom Staat, vom „dichtesten Nebel der Metaphysik"[19] umhüllt, findet heute keine Anhänger mehr. Die „Impermeabilitätslehre" hat es nicht vermocht, das gesamte staatliche Organisationsrecht in ihre Theorie

---

[16] *Mallmann*, Die Sanktion im Gesetzgebungsverfahren, S. 130 ff.; *Böckenförde*, Gesetz und gesetzgebende Gewalt, S. 229; *Starck*, Der Gesetzesbegriff des Grundgesetzes, S. 164.

[17] *Laband*, Das Staatsrecht des Deutschen Reiches, Bd. 2, S. 181.

[18] *v. Gierke*, Labands Staatsrecht und die deutsche Rechtswissenschaft, S. 33.

[19] *Haenel*, Das Gesetz im formellen und materiellen Sinne, S. 230.

3 v. Portatius

schlüssig einzuordnen[20]. An dieser Stelle galt es nur aufzuzeigen, wie eng das Bepackungsverbot mit Auffassungen vom Staat verknüpft ist, die heute als längst überwunden gelten.

D. Ergebnis

Die Rückführung der besonderen Verbote bei der Steuer- oder Ausgabenbewilligung auf die Grundprinzipien der konstitutionellen Verfassungen hat gezeigt, daß diese Verbote verfassungsstrukturbedingt gewesen sind. Monarchisches Prinzip und Sanktionslehre lassen sich jenen Verfassungsbestimmungen mühelos zuordnen. Das Bepackungsverbot ist zudem eng mit der Impermeabilitätslehre verbunden. Strukturbedingtheit und Affinität zu spezifischen Staatslehren werfen die Frage auf, warum das „parlamentsfeindliche" Bepackungsverbot in die Verfassungsformen der parlamentarischen Demokratie aufgenommen worden ist.

---

[20] Damit ist nur ein Einwand gegen die Impermeabilitätslehre angeführt. Eingehendere Auseinandersetzungen finden sich bei *Böckenförde*, Gesetz und gesetzgebende Gewalt, S. 233 ff.; *Rupp,* Grundfragen der heutigen Verwaltungsrechtslehre, S. 19 ff.
Die Impermeabilitätslehre wird heute besonders im Zusammenhang mit der Einordnung der Verwaltungsvorschriften in den Rechtssatzbegriff diskutiert und abgelehnt, vgl. *Ossenbühl*, Verwaltungsvorschriften und Grundgesetz, S. 57 ff.; *Schmidt*, Gesetzesvollziehung durch Rechtsetzung, S. 54; *Hansen*, Fachliche Weisung und materielles Gesetz, S. 29 ff.

Dritter Teil

Fehlende Umbesinnung trotz demokratischer Staatsverfassung

§ 7 Zur Entstehung der Aufnahme in die Weimarer Reichsverfassung

Die Weimarer Reichsverfassung vom 11. August 1919 enthielt in Art. 85 Abs. 3 S. 2 ein geschriebenes Bepackungsverbot[1]. Die Ausformung des Haushaltswesens war ganz am preußischen Modell orientiert, da die jährliche Feststellung der Einnahmen und Ausgaben durch ein Gesetz verfassungsrechtlich vorgeschrieben war. Die Entstehungsgeschichte der Weimarer Reichsverfassung gibt aber kaum Hinweise, warum das Bepackungsverbot, dessen historische Bedingtheit oben dargelegt worden ist, in die Verfassung aufgenommen wurde.

A. *Entwürfe zur Reichsverfassung*

Der von Hugo Preuss ausgearbeitete Vorentwurf zur Verfassung des Deutschen Reichs vom 3. Januar 1919 und der Entwurf einer Verfassung des Deutschen Reichs vom 20. Januar 1919 (sog. Entwurf I) waren in dem hier interessierenden Punkt noch unvollständig, da der besondere Abschnitt über die Reichsfinanzen einer späteren Regelung vorbehalten blieb[2]. Der Entwurf I trug stark unitarische Züge und war geprägt von dem Bestreben, den Einfluß der Gliedstaaten auf die Bildung des Reichswillens möglichst einzuschränken. Die Länder forderten dagegen auf der Konferenz, die am 25. und 26. Januar 1919 zwischen der vorläufigen Reichsregierung und den Vertretern der bisherigen Gliedstaaten in Berlin stattfand, die Bildung eines aus Vertretern der Landesregierungen bestehenden bundesstaatlichen Organs (Staatenausschuß), das zusammen mit der vorläufigen Reichsregierung

---

[1] Art. 85 Abs. 3 S. 2 WRV lautete: „Im übrigen sind Vorschriften im Reichshaushaltsgesetz unzulässig, die über das Rechnungsjahr hinausreichen oder sich nicht auf Einnahmen und Ausgaben des Reiches oder ihrer Verwaltung beziehen."

[2] Beide Entwürfe sind abgedruckt bei *Triepel*, Quellensammlung zum Deutschen Reichsstaatsrecht, S. 6 ff., 10 ff. Triepel weicht von der hier verwendeten Zählweise ab, da er bereits den Urentwurf als Entwurf I bezeichnet. Die im Text gegebene Bezifferung ist aber doch üblicher, vgl. *Anschütz*, Die Verfassung des Deutschen Reichs, S. 16 (Einleitung); *Gebhard*, Die Verfassung des Deutschen Reichs, S. 24 (Einleitung).

einen Entwurf für die Reichsverfassung ausarbeiten sollte[3]. Die Konferenz endete mit dem Kompromiß, daß ein vorläufiger Staatenausschuß eingesetzt wurde, mit dem der Rat der Volksbeauftragten die Entwürfe der Reichsverfassung beraten wollte. Das Ergebnis dieser Beratungen war der Entwurf einer Verfassung des Deutschen Reichs vom 17. Februar 1919, den das Reichsministerium des Innern am gleichen Tage dem Staatenausschuß vorlegte[4]. Dieser Entwurf II, die erste vollständige Ausarbeitung einer Reichsverfassung, enthielt im Abschnitt über das Finanzwesen in dessen Art. 81 Abs. 3 S. 2 schon das geschriebene Bepackungsverbot. Der Entwurf II wurde anschließend im Staatenausschuß diskutiert, wobei in den wesentlichsten Fragen Übereinstimmung erzielt wurde, so daß schon am 21. Februar 1919 ein Entwurf der Verfassung des Deutschen Reichs (Entwurf III) der Nationalversammlung vorgelegt werden konnte[5]. Dieser Entwurf III regelte das Bepackungsverbot in Art. 82 Abs. III S. 2 so, wie es schon im Entwurf II bestimmt worden war. Nach Verweisung des Entwurfs III in den Verfassungsausschuß legte dieser schließlich der Nationalversammlung am 18. Juni 1919 den Entwurf IV zur Verabschiedung vor, der dem Bepackungsverbot den endgültigen Standort in Art. 85 Abs. 3 S. 2 zuwies[6].

B. Aussprachen zum Haushaltswesen

Begründungen und Beratungen der verschiedenen Verfassungsentwürfe lassen nicht erkennen, warum der Verfassungsgeber das Bepackungsverbot in die Verfassung aufgenommen hat. Der hier hauptsächlich interessierende Entwurf II wurde ohne Begründung veröffentlicht. Der Entwurf III wurde von Preuss vor der Nationalversammlung lediglich mündlich begründet, wobei er als Grundsatz der Vorschriften über das Finanzwesen herausstellte, „daß das Reich jede Einnahmequelle für sich an Anspruch nehmen kann"[7]. Auch im Verfassungsausschuß wurde das Bepackungsverbot nicht diskutiert. Der Berichterstatter Spahn wies lediglich daraufhin, daß die Regelung des Budgetrechts „im wesentlichen dem bisherigen Etatsrecht, wie es durch die alte Reichsverfassung und die Praxis der Etatsberatungen sich heraus-

---

[3] Der Verlauf der Konferenz wird geschildert bei W. *Jellinek*, Entstehung und Ausbau der Weimarer Reichsverfassung, S. 127 ff. (131 f.); *Benz*, Süddeutschland in der Weimarer Republik, S. 94 ff.

[4] Abgedruckt bei *Triepel*, S. 17 ff.

[5] Abgedruckt bei *Triepel*, S. 27 ff.

[6] Abgedruckt bei *Triepel*, S. 38 ff.

[7] Sitz. Ber. Nat. Vers., 14. Sitz. v. 24. Februar 1919, S. 284 ff. (287).

§ 7 Zur Entstehung der Aufnahme in die Weimarer Verfassung 37

gebildet hat", entspreche[8]. Der Verfassungsausschuß nahm das Bepackungsverbot ohne Widerspruch an. Die Beratung in der Nationalversammlung selbst ist ebenfalls unergiebig. Der Berichterstatter des Verfassungsausschusses Quarck verwies zur Begründung auf „die bisherige Verfassung, auf deren Innehaltung nunmehr im demokratischen Staat besser gedrungen werden" könne[9]. Widerspruch gegen die Aufnahme eines Bepackungsverbots in die Reichsverfassung gab es weder in zweiter noch in dritter Lesung[10].

C. Ergebnis

Die Entstehungsgeschichte der Weimarer Reichsverfassung läßt daher keine Begründung dafür erkennen, warum das Bepackungsverbot in die Verfassung aufgenommen worden ist. Das überrascht schon deshalb, weil das Bepackungsverbot nunmehr finanzwirksame Vorschriften im Haushaltsgesetz ausdrücklich zuließ, somit der strengeren Auffassung in der Staatsrechtswissenschaft zur alten Reichsverfassung von 1871 nicht mehr folgte[11]. Zwar ist die Vermutung geäußert worden, daß das Bepackungsverbot auf Drängen der Länder in die Weimarer Reichsverfassung aufgenommen worden sei. Bauer begründet diese Vermutung damit, daß das Bepackungsverbot erstmals im Entwurf II auftauchte, dieser Entwurf aber aus den Beratungen mit den Ländern hervorging[12]. Diese Folgerung erscheint schon deshalb bedenklich, weil die vorangegangenen Entwürfe das Haushaltswesen überhaupt noch nicht geregelt hatten, so daß die Erstmaligkeit im Entwurf II eigentlich bedeutungslos ist.

Die geringe Diskussionsfreude[13] bei der Verabschiedung der haushaltsrechtlichen Bestimmungen legt aber Zeugnis für die allgemeine Tendenz ab, das konstitutionell geprägte Budgetrecht mit den entsprechenden Budgetverfahren kritiklos in die parlamentarische Demokratie zu übernehmen. „Die Revolution von 1918 hat die politische Herrschaftsform völlig geändert, nicht aber das Budgetsystem[14]." Die

---

[8] Sitz. Ber. Nat. Vers., Anlage zu den Sten. Ber. Bd. 336 Drucks. Nr. 391: Bericht des Verfassungsausschusses, 15. Sitz. v. 26. März 1919, S. 144.
[9] Sitz. Ber. Nat. Vers., 49. Sitz. v. 7. Juli 1919, S. 1352 ff. (1365).
[10] Sitz. Ber. Nat. Vers., 49. Sitz. v. 7. Juli 1919, S. 1352 ff. (1366); 70. Sitz. v. 30. Juli 1919, S. 2087 ff. (2116).
[11] Vgl. oben § 3 E.
[12] *Bauer*, Bepackte Haushaltsgesetze, S. 81 f.
[13] Umstritten war eigentlich nur die Aufnahme einer dem heutigen Art. 111 Abs. 1 GG entsprechenden Regelung, die schließlich im Verfassungsausschuß abgelehnt wurde, vgl. Sitz. Ber. Nat. Vers., Anlage zu den Sten. Ber. Bd. 336, Drucks. Nr. 391: Bericht des Verfassungsausschusses, 15. Sitz. v. 26. März 1919, S. 144 ff. (146).

Nationalversammlung hatte das Budgetrecht den Haushaltsspezialisten überlassen, weil die Mehrheit davon nichts verstand. Die Haushaltsspezialisten aber hatten nur ihr Handwerk beherrscht, jedoch nicht erfaßt, daß das Budgetrecht in eine grundlegend veränderte Verfassungskonzeption eingebettet worden war. Den einen war das Haushaltsrecht fremd, den anderen die Grundlagen des parlamentarischen Prinzips. Folglich konnte eine in sich stimmige Budgetverfassung nicht zustandekommen. Es mag auch sein, daß noch unreflektierte Ängste vor einem Verfassungskonflikt ähnlich dem preußischen Verfassungskonflikt von 1862 - 1866 im Raume schwebten. Dennoch wäre Kritik hier durchaus unangebracht, da die damaligen politischen und wirtschaftlichen Verhältnisse eine eingehendere Beratung der Verfassung nicht zuließen. Die gewandelte Bedeutung des Budgetrechts in einer parlamentarischen Demokratie war natürlich auch damals angesprochen worden[15]. Es wurde aber versäumt, daraus die notwendigen Schlußfolgerungen zu ziehen. Das Bepackungsverbot hatte sich im Laufe der Zeit zu einer Selbstverständlichkeit entwickelt, gewohnheitsrechtlich wurde dessen Geltung nicht mehr bestritten.

D. Anhang: Länderverfassungen

Die Verfassungen der Länder der Weimarer Republik enthielten in der Regel kein Bepackungsverbot. So fehlte diese Haushaltsmaxime z. B. in den Verfassungen von Bayern, Württemberg, Baden, Hessen, Thüringen und Braunschweig[16]. Lediglich die Verfassung des Freistaats Preußen vom 30. November 1920 (Art. 63 Abs. 3 S. 2)[17] und die Verfassung des Freistaats Sachsen vom 1. November 1920 (Art. 42 Abs. 3 S. 2)[18] kannten das fragliche Verbot. Der Wortlaut entsprach im wesentlichen dem Art. 85 Abs. 3 S. 2 der Reichsverfassung. Obwohl also die Mehrzahl der Länderverfassungen kein ausdrückliches Bepackungsverbot bestimmte, wurde doch die Weitergeltung der alten Bedingungsverbote teilweise behauptet. Für die bayerische Verfassung

---

[14] *Jéze*, Allgemeine Theorie des Budgets, S. 60; vgl. auch *Hirsch*, Haushaltsplanung und Haushaltskontrolle in der Bundesrepublik Deutschland, S. 35.

[15] Vgl. etwa *Preuss*: „Aber unter dem System des Parlamentarismus hat das Budgetrecht nicht mehr die zentrale Stellung, die es in dem sogenannten bloßen Konstitutionalismus hatte ..." Sitz. Ber. Nat. Vers., Anlage zu den Sten. Ber. Bd. 336, Drucks. Nr. 391: Bericht des Verfassungsausschusses, 15. Sitz. v. 26. März 1919, S. 146.

[16] *Heckel*, Die Haushaltsgesetze und „Finanzgesetze" der deutschen Länder, S. 414.

[17] Dazu *Hatschek*, Das Preußische Verfassungsrecht, S. 315; *Huber*, Die Verfassung des Freistaats Preußen, Art. 63 Anm. 6 (S. 135).

[18] Dazu *Woelker*, Die Verfassung des Freistaates Sachsen, S. 144 ff.

vom 14. August 1919 vertrat etwa Kratzer diesen Standpunkt[19]. Wenn Nawiasky die Änderung zum früheren Rechtszustand mit der Erwägung erklärte, daß der Grund des Bedingungsverbots, „eine Abhängigkeit der Vollzugsgewalt vom gesetzgebenden Körper hintanzuhalten", im parlamentarischen System nicht mehr zutreffe[20], so hatte sich diese Auffassung doch noch nicht allgemein durchgesetzt.

§ 8 Praxis der Staatsorgane und Bepackungsverbot

A. *Parlamentarische Konflikte wegen des Bepackungsverbots*

Im Rahmen dieses Abschnitts können nur beispielhafte Einzelfälle untersucht werden, die aber alle zeigen werden, daß die Abgeordneten im Weimarer Reichstag die Geltung des ursprünglich „parlamentsfeindlichen" Bepackungsverbots nie ernsthaft kritisiert haben. Auch für sie war das Bepackungsverbot eine haushaltsrechtliche Selbstverständlichkeit, das unabhängig von der jeweiligen Staatsform Gültigkeit beanspruchen konnte. Während der Beratung des Entwurfs eines Gesetzes über die vorläufige Regelung des Reichshaushalts für das Rechnungsjahr 1925 stellte die Fraktion der Sozialdemokratischen Partei den Antrag, in das Notetatsgesetz einen § 13 a einzufügen, der eine Senkung der Lohnsteuer vorsah[1]. Gegen diesen Antrag machte der damalige Reichsfinanzminister von Schlieben geltend, daß „in ein Etatsgesetz ... eine solche für die Dauer berechnete steuergesetzliche Bestimmung nicht hinein" gehöre[2]. Nachdem selbst Abgeordnete der Fraktion der Sozialdemokratischen Partei der Erklärung des Reichsfinanzministers „formal eine gewisse Berechtigung" zusprachen[3], wurde der Antrag vom Haushaltsgesetz getrennt und als selbständiger Antrag dem Steuerausschuß überwiesen.

Eine neuartige Variante der Umgehung des Bepackungsverbots versuchte die Reichsregierung bei der Erledigung des sog. Arbeitsprogramms im Jahre 1928. Dieses Programm, das noch vor der bereits

---

[19] *Kratzer*, Die Verfassungsurkunde des Freistaates Bayern, S. 214.
[20] *Nawiasky*, Bayerisches Verfassungsrecht, S. 503.
[1] § 13 a sollte lauten: „Artikel 1 § 17 Abs. 1 der Zweiten Steuernotverordnung vom 19. Dezember 1923 wird durch folgende Bestimmung ersetzt: Mit Wirkung vom 1. April 1925 bleibt für den Arbeitnehmer vom Arbeitslohn ein Betrag von 100 Mark monatlich (24 Mark wöchentlich) zur Abgeltung der nach § 13 Abs. 1 Nr. 1 bis 7, § 59 des Einkommensteuergesetzes zulässigen Abzüge vom Steuerabzug frei." 38. RT-Sitz. vom 19. März 1925, Sten. Ber. S. 1168 B.
[2] 38. RT-Sitz. vom 19. März 1925, Sten. Ber. S. 1171 D.
[3] So der SPD-Abgeordnete Hertz in der 38. RT-Sitz. vom 19. März 1925, Sten. Ber. S. 1172 B.

40   III. Teil: Fehlende Umbesinnung bei demokratischer Verfassung

vereinbarten Auflösung des Reichstags verabschiedet werden sollte, umfaßte außer dem Haushaltsplan 1928 eine größere Zahl recht verschiedenartiger Gesetze agrar- und sozialpolitischen Charakters, wie etwa die Änderung des Kriegsschädenschlußgesetzes. Die Gesetzentwürfe des „Arbeitsprogramms" wurden von der Reichsregierung mit dem Haushaltsplan 1928 in der Weise gekoppelt, daß man den fraglichen Gesetzentwürfen eine Schlußklausel anfügte, „wonach der Zeitpunkt ihres Inkrafttretens demnächst durch ein besonderes Gesetz bestimmt werden soll, ein Zeitpunkt, der bei Annahme des Reichshaushaltsplans für 1928 zugleich mit dessen Wirksamkeit auf den 1. April 1928 festzulegen sein würde"[4]. Dieses Vorgehen der Reichsregierung wurde von den Abgeordneten zu Recht als „kaudinisches Joch"[5] bezeichnet, gegen das sie sich mit aller Entschiedenheit wehrten. Schließlich nahm auch die Reichsregierung davon Abstand, Budget und Arbeitsprogramm durch ein Mantelgesetz formal zu verbinden.

B. Denkschrift des Rechnungshofs des Deutschen Reichs vom 7. März 1928

Eine extensive Auslegung des Bepackungsverbots findet sich in einer Denkschrift des Rechnungshofs des Deutschen Reichs zur Reichshaushaltsrechnung 1924[6]. Der Rechnungshof erörterte darin die Frage, ob es möglich sei, § 75 S. 2 RHO[7] für ein Rechnungsjahr durch das Haushaltsgesetz außer Kraft zu setzen. Nach Auffassung des Rechnungshofs durfte das Haushaltsgesetz nicht mit Bestimmungen bepackt werden, die eine Abänderung bestehender Gesetze oder gesetzlicher Einrichtungen in sich schließen. Der Rechnungshof hielt es vielmehr für erforderlich, daß die Außerkraftsetzung des § 75 RHO deshalb nicht durch das Haushaltsgesetz, sondern durch ein besonderes Gesetz vorzunehmen sei[8]. Diese extensive Auslegung des Bepackungsverbots durch den Rechnungshof war mit dem Wortlaut des Art. 85 Abs. 3 S. 2 WRV

---

[4] So der Reichsjustizminister Hergt als Vizekanzler in der 387. RT-Sitz. vom 27. Februar 1928, Sten. Ber. S. 12956 B.

[5] Erklärung des Abgeordneten Dietrich (Deutsche Demokraten) in der 387. RT-Sitz. vom 27. Februar 1928, Sten. Ber. S. 12978 A - B.

[6] Denkschrift und Bemerkungen des Rechnungshofs des Deutschen Reichs zur Reichshaushaltsrechnung 1924 vom 7. März 1928 III. Wahlperiode 1924, Anl. Sten. Ber. d. RT, Bd. 422, RT-Drucks. Nr. 4054.

[7] § 75 S. 2 RHO bestimmte, daß ein Überschuß der Einnahmen über die Ausgaben des ordentlichen Haushalts zur Verminderung des Anleihebedarfs oder zur Schuldentilgung zu verwenden sei. Vgl. dazu jetzt § 25 BHO, wonach ein Überschuß zur Verminderung des Kreditbedarfs oder zur Tilgung von Schulden zu verwenden oder der Konjunkturausgleichsrücklage zuzuführen ist.

[8] RT-Drucks. Nr. 4054, S. 14.

nicht zu vereinbaren[9]. Auch die Abgeordneten des Reichstags waren von der Stellungnahme des Rechnungshofs nicht sehr beeindruckt, enthielt doch das Haushaltsgesetz aus dem gleichen Jahre erneut die Außerkraftsetzung des § 75 S. 2 RHO[10].

Das Haushaltsgesetz 1928 soll aber deshalb gegen das Bepackungsverbot verstoßen haben, weil einzelnen Besoldungsvorschriften (§ 11) rückwirkende Kraft für die Zeit vom 1. Oktober 1927 ab beigelegt worden ist[11], daher außerhalb des Rechnungsjahrs wirkende Vorschriften in das Haushaltsgesetz aufgenommen worden seien. Darin soll ein Verstoß gegen das zeitliche Bepackungsverbot gelegen haben[12]. Die Frage bedarf noch genauerer Prüfung. Immerhin wurden die bewilligten Beträge jedenfalls erst nach dem Inkrafttreten des Haushaltsgesetzes ausgezahlt. Auch für das zeitliche Bepackungsverbot stellt sich daher das alte Problem der echten und der unechten Rückwirkung. Es wäre zu überlegen, ob das Haushaltsgesetz 1928 sich retroaktiv oder nur retrospektiv mit Vorgängen aus dem abgelaufenen Rechnungsjahr befaßt hat[13]. Eine nur retrospektive Rückwirkung könnte auch im Hinblick auf das zeitliche Bepackungsverbot differenzierter zu behandeln sein. Die angeschnittene Problematik ist auch heute noch aktuell[14].

C. Urteil des Staatsgerichtshofs des Deutschen Reichs vom 30. Juni 1923

Auch der Staatsgerichtshof des Deutschen Reichs hatte über die Zulässigkeit der Verbindung materieller Gesetze mit dem Haushaltsgesetz zu entscheiden. Zwischen dem Reichsverkehrsministerium und der preußischen Regierung war die Frage der Zuständigkeit bei Entscheidungen über Beschwerden infolge Enteignungen für Zwecke der Reichseisenbahnen in Preußen streitig. Die preußische Regierung ver-

---

[9] *Neumark*, Der Reichshaushaltsplan, S. 189. Eine eingehendere Auseinandersetzung mit der Auslegung des Bepackungsverbots als Verbot der Aufnahme materieller Gesetze in das Haushaltsgesetz erfolgt unten § 20 A.
[10] § 6 S. 2 des Gesetzes über die Feststellung des Reichshaushaltsplans für das Rechnungsjahr 1928 vom 31. März 1928 (RGBl. II S. 209 ff.).
[11] § 11 gewährte den Botenmeistern eine Stellenzulage und genehmigte Umwandlungen von Stellen und verschiedene Beförderungen rückwirkend zum 1. Oktober 1927.
[12] *Heckel*, Einrichtung und rechtliche Bedeutung des Reichshaushaltsgesetzes, S. 385 Fußn. 84; *Neumark*, Der Reichshaushaltsplan, S. 36.
[13] Retroaktive Rückwirkung eines Gesetzes liegt dann vor, wenn das Gesetz nachträglich ändernd in abgewickelte, der Vergangenheit angehörende Tatbestände eingreift. Wird dagegen nur auf gegenwärtige, noch nicht abgeschlossene Sachverhalte und Rechtsbeziehungen für die Zukunft eingewirkt, so handelt es sich um eine retrospektive Rückwirkung, vgl. *BVerfG E* 11, 145 f.; 14, 104, 297; 15, 324 f.
[14] Vgl. dazu unten § 15 B.

III. Teil: Fehlende Umbesinnung bei demokratischer Verfassung

trat dabei den Standpunkt, daß bei solchen Enteignungen an der durch das preußische Enteignungsgesetz vom 11. Juni 1874 geregelten Zuständigkeit der Landesbehörden mit Ausnahme der Befugnis, das Enteignungsrecht zu verleihen, durch die Reichsgesetzgebung nichts geändert worden sei. Die Reichshaushaltsgesetze von 1921, 1922 und 1923 enthielten aber die Regelung, daß für Zwecke, für die im Reichshaushaltsplane der Verwaltungen der Reichseisenbahnen Mittel vorgesehen waren, der Reichspräsident die Zulässigkeit der Enteignung festzustellen habe. Die endgültige Entscheidung über die Art der Durchführung und den Umfang der Enteignung, soweit sie nicht in einem Verwaltungsstreitverfahren erging, sowie über die Zulässigkeit der Inanspruchnahme von Grundstücken zur Ausführung von Vorarbeiten sollte das Reichsverkehrsministerium treffen. Im übrigen galten die Landesenteignungsgesetze[15]. Die preußische Regierung hielt diese Regelung in den Haushaltsgesetzen für rechtsungültig.

Der Staatsgerichtshof stellte dazu zunächst fest, daß nach Wortlaut und Zweck des Art. 90 WRV[16] die Entscheidung über die Frage, ob und was enteignet werden solle, Reichsangelegenheit sei. Diese Zuständigkeit dürfe über den Umweg des Beschwerdeverfahrens nicht wieder in die Hände der Länder gelegt werden[17]. Die Auffassung der preußischen Regierung, daß die fragliche Regelung nicht in den Haushaltsgesetzen vorgenommen werden dürfte, bezeichnete der Staatsgerichtshof schlicht als „unhaltbar": „... Nach der gegenwärtigen wie nach der früheren Reichsverfassung ist der Gesetzgeber bei dem Erlaß von Bestimmungen, die innerhalb seiner legislativen Befugnisse liegen, nicht an eine bestimmte Gesetzesform gebunden; insbesondere kann er Gesetze allgemeineren Charakters mit den jährlichen Haushaltsgesetzen verbinden. Dies ist im alten Reich wiederholt geschehen und als zulässig anerkannt worden; es kann im neuen Reich, wo die Stellung des Gesetzgebers eine noch stärkere ist, nicht verfassungswidrig sein ...[18]."

Der Staatsgerichtshof ließ also die Bepackung des Haushaltsgesetzes mit materiellen Gesetzen zu. Die Berufung auf die alte Staatspraxis ist allerdings sachlich nicht überzeugend, da die Auffassungen zum Bepackungsverbot im „alten Reich" weitaus strenger waren[19].

---

[15] Vgl. § 17 des Reichshaushaltsgesetzes vom 26. März 1921 (RGBl. S. 405 ff., 409).

[16] Art. 90 WRV lautete: „Mit dem Übergang der Eisenbahnen übernimmt das Reich die Enteignungsbefugnis und die staatlichen Hoheitsrechte, die sich auf das Eisenbahnwesen beziehen. Über den Umfang dieser Rechte entscheidet im Streitfall der Staatsgerichtshof."

[17] *RGZ* Bd. 107, Anhang, S. 1 ff. (7).

[18] *RGZ* Bd. 107, Anhang, S. 1 ff. (14).

[19] Vgl. oben § 3 E.

D. Ergebnis

Die Beispiele aus der Praxis der Staatsorgane zeigen, daß die Anwendung des Bepackungsverbots noch einige Schwierigkeiten bereitete. Infolge der mit der Auslegung des Art. 85 Abs. 3 S. 2 WRV verbundenen Unsicherheiten wurde diese Haushaltsmaxime oft extensiv ausgelegt, ohne den engeren Wortlaut des Verbots dabei zu berücksichtigen. Es wäre daher Aufgabe der Wissenschaft gewesen, die teilweise noch fehlende Umbesinnung theoretisch voranzutreiben und damit die bestehenden Unsicherheiten zu beseitigen. Es wird zu zeigen sein, ob sich die damalige Staatsrechtswissenschaft diesem Problem gestellt hat.

§ 9 Staatsrechtliches Schrifttum und Bepackungsverbot

A. Versuche der Begriffsbildung

Durch die Aufnahme eines geschriebenen Bepackungsverbots in die Reichsverfassung ergab sich für die Staatsrechtswissenschaft die Aufgabe, zunächst den Wortlaut des Art. 85 Abs. 3 Satz 2 WRV zu interpretieren und dabei die Frage zu stellen, welche Vorschriften überhaupt noch unter das Bepackungsverbot fallen. Die damalige Staatsrechtswissenschaft wählte aber zumeist einen anderen Weg, indem man ohne Begründung davon ausging, daß durch Art. 85 Abs. 3 S. 2 WRV nur eine alte Staatspraxis verfassungsrechtlich sanktioniert sei[1]. Es kann hier nur angemerkt werden, daß dieses Anknüpfen an das konstitutionelle Staatsrecht nicht nur für das Haushaltsrecht spezifisch gewesen ist. Die Vorstellungsweisen und Begriffssysteme der konstitutionellen Monarchie überdauerten den Verfassungswandel, wobei die ehemalige monarchische Kompetenz materiell weitgehend mit der Exekutivgewalt gleichgesetzt wurde[2].

Wenn man sich dennoch die Mühe machte, die unter das Bepackungsverbot fallenden Vorschriften etwas näher zu definieren, so blieb es zumeist bei vorsichtigen Beschreibungen oder bloßen Wiederholungen des Wortlauts des Art. 85 Abs. 3 S. 2 WRV. Danach sollen diese Vorschriften „mit dem Budget nichts zu tun haben"[3], „auf den Haushalt keinen Bezug haben"[4], „dem Haushaltswesen fremd"[5] sein oder „mit

---

[1] *Hatschek*, Deutsches und Preußisches Staatsrecht, Bd. II, S. 262; *Finger*, Das Staatsrecht des Deutschen Reichs, S. 398; *Fritz*, Haushaltsplan und Haushaltskontrolle, VwArchiv 1922, S. 343.

[2] *Friauf*, Der Staatshaushaltsplan im Spannungsfeld zwischen Parlament und Regierung, S. 270 f.; *Scheuner*, Der Bereich der Regierung, S. 253 f.; *Zeidler*, Einige Bemerkungen zum Verwaltungsrecht und zur Verwaltung in der Bundesrepublik seit dem Grundgesetz, Der Staat 1962, S. 324.

[3] *Anschütz*, Die Verfassung des Deutschen Reichs, Art. 85 Anm. 7.

[4] *Arndt*, Die Verfassung des Deutschen Reichs, Art. 85 Anm. 6.

44   III. Teil: Fehlende Umbesinnung bei demokratischer Verfassung

dem Haushaltsplan nicht in materiellem Zusammenhang stehen"[6]. Angesichts der Unbestimmtheit dieser Äußerungen kann es nicht verwundern, daß das Bepackungsverbot sogar dahin ausgelegt worden ist, daß durch Art. 85 Abs. 3 S. 2 WRV die Aufnahme jeglicher materieller Gesetze, insbesondere Steuergesetze, in das Haushaltsgesetz verboten sei[7]. Diese Lehre vom Bepackungsverbot als Verbot der Aufnahme materieller Gesetze in das Haushaltsgesetz wird auch noch heute vertreten[8]. Eine kritische Würdigung dieser Auffassung soll daher im Rahmen der Darstellung des geltenden Rechts erfolgen[9].

B. Das Bepackungsverbot und die Gebundenheit des Parlaments bei der Budgetbewilligung

Die Vorschrift des Art. 85 Abs. 3 S. 2 WRV wurde daneben auch zur Begründung der Unterstellung der Budgetbewilligung unter die Gesetze zitiert. Aus dieser Unterordnung hat man bekanntlich die Lehre von der Bewilligungspflicht des Parlaments für sog. notwendige Ausgaben hergeleitet. Diese Lehre besagt zunächst, daß nach Grund und Höhe eine Bewilligungspflicht für solche Ausgaben besteht, die durch Gesetz oder private Rechtstitel begründet sind (rechtlich notwendige Ausgaben). Daneben ist das Parlament, wenn auch nur dem Grunde nach, bei der Bewilligung von staatlich notwendigen Ausgaben gebunden, die für die Wahrnehmung verfassungs- oder gesetzmäßig begründeter Staatsaufgaben unumgänglich sind. Im übrigen besteht keine Bewilligungspflicht des Parlaments (willkürliche Ausgaben)[10]. Es kann

---

[5] *Kühnemann*, Haushaltsrecht und Reichsetat, S. 31.

[6] *Lang*, Der Haushaltsplan im Deutschen Reich und im Freistaat Bayern, S. 204.

[7] *Giese*, Die Verfassung des Deutschen Reiches, Art. 85 Anm. 5; *Anschütz*, Die Verfassung des Deutschen Reichs, Art. 85 Anm. 7; *Stier-Somlo*, Reichsstaatsrecht, Bd. II, S. 48; *von Pistorius*, Sollten die Grundsätze über Bewilligung der Einnahmen und Ausgaben für die Haushalte des Reichs und der Länder geändert werden?, DJZ 1928, Sp. 1122.

[8] Gegen diese Lehre schon zur Weimarer Zeit: *Hatschek*, Deutsches und Preußisches Staatsrecht, Bd. II, S. 264; *Gebhard*, Handkommentar zur Verfassung des Deutschen Reichs, Art. 85 Anm. 7; *Schulze / Wagner*, Reichshaushaltsordnung, S. 390; *Kühnemann*, Haushaltsrecht und Reichsetat, S. 110; *Lang*, Der Haushaltsplan im Deutschen Reich und im Freistaat Bayern, S. 204; *Heckel*, Die Budgetverabschiedung, insbesondere die Rechte und Pflichten des Reichstags, S. 394; *Rothenbücher*, Über die Verpflichtung der Reichsregierung, vom Reichstag bewilligte Ausgaben auszuführen, RVBl. 1929, 5.

[9] Vgl. unten § 20 A.

[10] Meinungsunterschiede bestanden lediglich hinsichtlich der Bewilligungspflicht für staatlich notwendige Ausgaben. Die Altliberalen wollten nur zwischen gesetzlich gebundenen und freien Ausgaben unterscheiden, wobei die Einrichtung einer Behörde nicht schon dann gesetzlich vorgeschrieben war, wenn sie gesetzlich begründete Aufgaben wahrnahm, vgl. *v. Mohl*, Das

hier offen bleiben, ob es sich bei diesem haushaltsrechtlichen Grundsatz um ein Relikt des konstitutionellen Staatsrechts handelt, oder ob es dabei um eine spezifisch staatliche Regel geht, deren Aufgabe „verfassungsrechtlich weder eine Notwendigkeit noch ein Desiderat" darstellt[11]. Hier interessiert nur, ob das Bepackungsverbot zur Begründung der genannten Lehre herangezogen werden kann. Die Bewilligungspflicht für notwendige Ausgaben hat man damit zu rechtfertigen versucht, daß gegebenenfalls die Streichung von Etatspositionen gleichbedeutend mit der Aufhebung bestehender Gesetze sei, damit „über das Rechnungsjahr hinausreiche" und daher gegen das zeitliche Bepackungsverbot verstoße[12].

Diese Rechtfertigung der Bewilligungspflicht für notwendige Ausgaben wird schon unter Hinweis auf den Wortlaut des Art. 85 Abs. 3 S. 2

Staatsrecht des Königreichs Württemberg, Bd. I S. 624 ff.; *v. Rönne*, Staatsrecht, Bd. 1 S. 420; *Thudichum*, Verfassungsrecht des Norddeutschen Bundes, S. 220 f. Dagegen setzte Laband die Theorie von der bindenden Kraft der Parlamentsbeschlüsse, wonach die erstmalige Bewilligung der Einrichtung einer Behörde vom Parlament nicht mehr einseitig zurückgenommen werden durfte, *Laband*, Das Budgetrecht nach den Bestimmungen der Preußischen Verfassungsurkunde unter Berücksichtigung der Verfassung des Norddeutschen Bundes, S. 41.

Selbst diejenigen, die dem Haushaltsplan gesetzesbrechende Kraft zumaßen, gingen nicht soweit, eine völlige Bewilligungsfreiheit des Parlaments zu befürworten. So galt auch für Haenel der Grundsatz, daß es Ausgaben gibt, die als notwendige Ausgaben vom Parlament bewilligt werden mußten. Dies war für Haenel „das schlechthin unentbehrliche feste Knochengerüste, ohne welche sowohl die Aufstellung des Budgets, als seine Ausführung einfach undenkbar wäre", vgl. *Haenel*, Das Gesetz im formellen und materiellen Sinne, S. 328. Um aber den Grundsatz der Gesetzeskraft des Haushaltsplans durchzuhalten, mußte sich Haenel der unsicheren Konstruktion bedienen, daß die Nichtaufnahme einer Position in den Haushaltsplan nur dann nicht mit der Aufhebung des betreffenden Gesetzes gleichbedeutend sei, wenn Parlament und Regierung dessen Fortgelten übereinstimmend erklärten, vgl. *Haenel*, S. 334.

[11] So *Böckenförde*, Die Organisationsgewalt im Bereich der Regierung, S. 111. Der Grundsatz der Subordination des Haushaltsplans unter das Recht wird von *Mußgnug*, Der Haushaltsplan als Gesetz, S. 496 ff., ausgehend von den gesetzlichen Bestimmungen der §§ 24, 25 RHO, als heute verfassungsrechtlich vorgeschrieben angesehen. *Friauf*, Der Staatshaushaltsplan im Spannungsfeld zwischen Parlament und Regierung, S. 199 Fußn. 2 läßt die Frage noch offen; *Sasse*, Haushaltsvollzug ohne Haushalt?, JZ 1973, S. 189 Fußn. 3 verneint sie.

[12] *Anschütz*, Die Verfassung des Deutschen Reichs, Art. 85 Anm. 7. Diese Begründung wird auch heute noch vertreten, vgl. *Bühler*, Bonner Kommentar, Art. 110 Anm. 2; *v. Mangoldt*, Das Bonner Grundgesetz, Art. 110 Anm. 5 c; *Vaubel*, Die Vorausbewilligung von Staatsausgaben, S. 112 sieht einen Verstoß gegen das zeitliche Bepackungsverbot nur in einer Bestimmung im Haushaltsgesetz, die die Nichtanwendung der Ausgabenbewilligung eines Sondergesetzes für die Dauer der Etatperiode vorschreibt, wenn dadurch die Zielsetzung des mehrjährigen Programmgesetzes in Frage gestellt ist. Warum durch diese zeitliche Suspension der rechtliche Bestand des Programmgesetzes insgesamt aufgehoben sein soll, vermag Vaubel allerdings nicht zu begründen.

WRV abgelehnt. Danach soll aus der Verwendung des Bindeworts „oder" folgen, daß es nicht erforderlich sei, die finanziellen Bestimmungen auf das Rechnungsjahr zu beschränken[13]. Der Wortlaut der Reichsverfassung war aber insofern unscharf, da an Stelle des ersten „oder" in Art. 85 Abs. 3 S. 2 WRV ein kumulatives „und" stehen mußte[14]. Der vermeintliche Verstoß gegen das zeitliche Bepackungsverbot kann aber deshalb nicht vorliegen, weil durch die Nichtaufnahme eines Titels in den Etat der rechtliche Bestand eines Gesetzes überhaupt nicht tangiert wird. Das Gesetz gilt vielmehr unverändert fort[15]. Wenn überhaupt, so könnte es nur durch eine ausdrückliche Vorschrift des Haushalts*gesetzes* aufgehoben oder geändert werden. Als Argument für die Lehre von der Bewilligungspflicht des Parlaments für notwendige Ausgaben kann das Bepackungsverbot jedenfalls nicht herangezogen werden.

C. Ansätze zur Umbesinnung

Insgesamt läßt sich für die Beurteilung des Bepackungsverbots durch die Staatsrechtswissenschaft in der Weimarer Zeit feststellen, daß das Problem der Bepackung des Haushaltsgesetzes nur eine bescheidene Rolle in der Literatur gespielt hat[16]. Diese Erkenntnis kann aber nicht überraschen, wenn man berücksichtigt, daß das veränderte Verhältnis von Parlament und Regierung Konflikte bei der Haushaltsfeststellung in der Regel ausschloß. Es finden sich daher auch nur bruchstückhafte Äußerungen darüber, welche Bedeutung dem Bepackungsverbot in der parlamentarischen Staatsverfassung noch zukommt. Die Mehrzahl der Autoren begnügte sich dabei mit der nur negativen Feststellung, daß das Bepackungsverbot seinen ursprünglichen Sinn verloren habe[17]. Lediglich bei Heckel finden sich Ansätze, diesem Verfassungsinstitut auch in einer parlamentarischen Staatsverfassung eine verbleibende Relevanz zuzuerkennen.

Nach Heckel sollte durch Art. 85 Abs. 3 S. 2 WRV sowohl das Haushaltsgesetz wie das seiner Verabschiedung vorangehende Verfahren vor der Belastung und Verquickung mit budgetfremden Materien bewahrt und zugleich das für die Etatberatung erwünschte Kräftever-

---

[13] *Henrichs*, Art. 113 GG und verwandte Bestimmungen, S. 480 Fußn. 18.
[14] *Heckel*, Einrichtung und rechtliche Bedeutung des Reichshaushaltsgesetzes, S. 385 Fußn. 85.
[15] *Mußgnug*, Der Haushaltsplan als Gesetz, S. 500; insoweit auch *Vaubel*, S. 58, was seine auf S. 112 vertretene Auffassung, oben Fußn. 12, noch widersprüchlicher erscheinen läßt.
[16] *Lang*, Der Haushaltsplan im Deutschen Reich und im Freistaat Bayern, S. 203.
[17] *Lang*, S. 203.

hältnis der beteiligten obersten Staatsorgane vor Störungen durch fremde Momente behütet werden[18]. Das Bepackungsverbot verhindere die Belastung oder Verfälschung der parlamentarischen Entscheidung über das Budget durch sachfremde Rücksichten und Tendenzen[19]. Da die Budgetgesetzgebung einem besonderen Gesetzgebungsverfahren unterliege, würde durch Art. 85 Abs. 3 S. 2 WRV eine mißbräuchliche Ausschaltung der ordentlichen Gesetzgebung verhindert[20]. Der Reichsrat könne es nämlich wegen der Bedeutung des Etats nicht wagen, gegen das Haushaltsgesetz Einspruch einzulegen. Dadurch würden bei einem bepackten Haushaltsgesetz die Befugnisse des Reichsrats bei der Gesetzgebung verkürzt[21]. Auch das Volk als Organ der ordentlichen Gesetzgebung solle durch das Bepackungsverbot geschützt werden, da seine Rechte bei der Entscheidung über den Haushaltsplan und über das Haushaltsgesetz, im Vergleich zur ordentlichen Gesetzgebung, eingeschränkt seien[22].

D. Ergebnis

Das staatsrechtliche Schrifttum hat sich während der Weimarer Zeit mit der Problematik des Bepackungsverbots kaum beschäftigt. Oft blieb der mit der Einführung des parlamentarischen Systems verbundene Verfassungswandel unberücksichtigt, so daß man sogar die Aufnahme jeglicher materieller Gesetze in das Haushaltsgesetz als durch das Bepackungsverbot untersagt ansah. Soweit man jene Haushaltsmaxime zur Begründung einer Gebundenheit des Parlaments bei der Budgetbewilligung heranzog, kann diese Argumentation auch heute nicht überzeugen.

Lediglich *Heckel* hatte mit seinen Ausführungen eine Vielzahl von Gesichtspunkten angeschnitten, die auch heute noch für die Einordnung des Bepackungsverbots in eine parlamentarische Staatsverfassung von Bedeutung sein können. Diese Chance zur theoretischen Umbesinnung wurde aber in der Weimarer Zeit nicht mehr genutzt. Die bei *Heckel*

---

[18] *Heckel*, Einrichtung und rechtliche Bedeutung des Reichshaushaltsgesetzes, S. 386.
[19] *Heckel*, Die Budgetverabschiedung, insbesondere die Rechte und Pflichten des Reichstags, S. 397.
[20] *Heckel*, Budgetverabschiedung, S. 394.
[21] *Heckel*, Budgetverabschiedung, S. 401 Fußn. 46.
[22] *Heckel*, Budgetverabschiedung, S. 403 Fußn. 56 a. Nach der Weimarer Reichsverfassung konnte das Volk nur durch den Reichspräsidenten nach Art. 73 Abs. 1 WRV oder nach Art. 85 Abs. 5 i. V. m. Art. 74 Abs. 3 WRV zur Entscheidung über den Haushaltsplan oder über das Haushaltsgesetz aufgerufen werden. Volksbegehren nach Art. 73 Abs. 3 WRV oder ein Referendum nach Art. 72 i. V. m. Art. 73 Abs. 2 WRV über den Haushaltsplan schloß die Reichsverfassung aus, vgl. Art. 73 Abs. 4 WRV.

zu findenden Ansätze sind daher auf ihre Stichhaltigkeit bei der Interpretation von Art. 110 Abs. 4 GG zu überprüfen. Zunächst soll aber die Entstehungsgeschichte des Bonner Grundgesetzes daraufhin untersucht werden, ob der Verfassungsgeber eine Begründung für die Aufnahme des Bepackungsverbots in die Verfassung gegeben hat.

Vierter Teil

Chance der Umbesinnung und Bonner Grundgesetz

§ 10 Zur Entstehung der Aufnahme in das Bonner Grundgesetz

A. Entwürfe und Beratungen

Schon der von den Ministerpräsidenten der westdeutschen Länder am 25. Juli 1948 eingesetzte Verfassungsausschuß, der auf der Herreninsel im Chiemsee zusammentrat, schlug in seinem „Entwurf eines Grundgesetzes"[1] in Art. 124 Abs. 2 die Aufnahme eines geschriebenen Bepackungsverbots in die Verfassung vor. Der Wortlaut entsprach dabei im wesentlichen der Regelung in Art. 85 Abs. 3 S. 2 WRV[2]. Im Bericht über den Verfassungskonvent hieß es im sog. darstellenden Teil zum Bepackungsverbot lediglich, daß die Bestimmung der Regelung in anderen Verfassungen entspreche[3]. Der sog. kommentierende Teil des Berichts behandelte das Haushaltswesen dagegen überhaupt nicht[4].

Auch bei den Beratungen des Parlamentarischen Rats trat das Budgetrecht verhandlungstechnisch ziemlich in den Hintergrund und war — mit Ausnahme des Art. 113 GG — niemals Gegenstand grundlegender Meinungsverschiedenheiten[5]. So wurde das hier interessierende Bepackungsverbot in vier Lesungen im Hauptausschuß einstimmig und ohne Diskussion angenommen[6]. In der dritten Lesung schlug der Ab-

---

[1] Vgl. *Verfassungsausschuß* der Ministerpräsidentenkonferenz der westlichen Besatzungszonen, Bericht über den Verfassungskonvent auf Herrenchiemsee vom 10. bis 23. August 1948, S. 61 ff. (81).

[2] Der Wortlaut von Art. 85 Abs. 3 S. 2 WRV ist oben § 7 unter Fußn. 1 zitiert. Im Herrenchiemsee-Entwurf hieß es allerdings „... oder *seiner* Verwaltung".

[3] *Verfassungsausschuß* der Ministerpräsidentenkonferenz der westlichen Besatzungszonen, S. 56.

[4] *Verfassungsausschuß* der Ministerpräsidentenkonferenz der westlichen Besatzungszonen, S. 92.

[5] *Füsslein*, Entstehungsgeschichte der Artikel des Grundgesetzes, JÖR Bd. 1, S. 749.

[6] HptA in der 15. Sitz. (1. Les.) v. 2. 12. 1948, in Parlamentarischer Rat, Verhandlg. des HptA, S. 181; HptA in der 41. Sitz. (2. Les.) v. 15. 1. 1949, S. 526; HptA in der 50. Sitz. (3. Les.) v. 10. 2. 1949, S. 665; HptA in der 57. Sitz. (4. Les.) v. 5. 5. 1949, S. 759.

geordnete v. Mangoldt zwar eine redaktionelle Änderung vor, die aber ebenfalls ohne Widerspruch beschlossen wurde[7]. Damit war für das Bepackungsverbot schon die Endfassung gefunden, die auch durch die Beratungen im Plenum des Parlamentarischen Rats nicht mehr abgeändert wurde.

Diese Einmütigkeit in der Behandlung des Bepackungsverbots kam auch in den verschiedenen Grundgesetzentwürfen der einzelnen Ausschüsse zum Ausdruck, die alle insoweit dem Herrenchiemsee-Entwurf entsprechen[8]. Das ursprünglich parlamentsfeindliche Verfassungsinstitut hatte lediglich im Laufe der Beratungen seinen verfassungsrechtlichen Standort im Art. 110 Abs. 2 S. 4 GG bekommen[9]. Die Entstehungsgeschichte des Grundgesetzes läßt somit hinsichtlich des Bepackungsverbots nur den Schluß zu, daß es aus Verfassungstradition in die Verfassung aufgenommen wurde. Die geringe Diskussionsfreude im Parlamentarischen Rat bei der Behandlung des Haushaltswesens ist im übrigen nur ein getreues Spiegelbild der Entstehungsgeschichte der Weimarer Reichsverfassung[10]. Eine Umbesinnung des Verfassungsgebers läßt sich jedenfalls hinsichtlich des Bepackungsverbots nicht feststellen.

B. Exkurs: Haushaltsreform 1969

Eine Neubesinnung hätte die Haushaltsreform aus dem Jahre 1969 bringen können, in deren Rahmen durch das 20. Gesetz zur Änderung des Grundgesetzes vom 12. Mai 1969 (BGBl. S. 357) auch das Bepackungsverbot neu formuliert und in den Art. 110 Abs. 4 GG verwiesen wurde. In der Vorlage der Bundesregierung wurde aber lediglich festgestellt, daß das sachliche Bepackungsverbot gegenüber dem bisherigen Art. 110 GG unverändert geblieben sei, und daß das zeitliche Bepackungsverbot im Hinblick auf die Zulassung von Mehrjahreshaushaltsplänen neu gefaßt worden sei[11].

---

[7] HptA in der 50. Sitz. (3. Les.) v. 10. 2. 1949, S. 665.

[8] Formulierungen der Fachausschüsse (Stand 18. Oktober 1948), Drucks. Nr. 203; Stellungnahme des Allgemeinen Redaktionsausschusses zu den Formulierungen der Fachausschüsse v. 1. Dezember 1948, Drucks. Nr. 324; Vorschlag des Fünferausschusses für die 3. Lesung des Hauptausschusses v. 5. Februar 1949, Drucks. Nr. 591; Schriftlicher Bericht zum Entwurf des Grundgesetzes für die Bundesrepublik Deutschland, erstattet von den Berichterstattern des Hauptausschusses für das Plenum, Drucks. Nr. 850, 854, darin der Berichterstatter *Höpker-Aschoff:* „Die Vorschriften über das Haushaltsrecht entsprechen den üblichen Regeln ..."

[9] Art. 110 Abs. 2 S. 4 GG in der Fassung vom 23. Mai 1949 (BGBl. S. 1) lautete: „Im übrigen dürfen in das Bundeshaushaltsgesetz keine Vorschriften aufgenommen werden, die über das Rechnungsjahr hinausgehen oder sich nicht auf die Einnahmen und Ausgaben des Bundes oder seiner Verwaltung beziehen."

[10] Vgl. oben § 7 A u. B.

Nach dieser zutreffenden Versicherung kann es nicht verwundern, daß die hier interessierende Verfassungsbestimmung sowohl in zweiter als auch in dritter Lesung vom Bundestag ohne Diskussion angenommen wurde[12]. Man mag es bedauern, daß im Rahmen einer Reform die Berufung auf das Althergebrachte anscheinend immer noch das zugkräftigste Argument darstellt. Jedenfalls wurde bei der Haushaltsreform 1969 versäumt, die Frage zu stellen, welche Bedeutung dem Bepackungsverbot heute eigentlich noch zukommt.

C. Ergebnis

Begründungen und Debatten während der Entstehung des Grundgesetzes und während der Haushaltsreform 1969 sind als „Motive" für die Auslegung des Art. 110 Abs. 4 GG unergiebig.

§ 11 Anhang: Länderverfassungen

A. Das Bepackungsverbot in den Länderverfassungen

Berücksichtigt man die geschilderte widerspruchslose Rezeption des genannten Verfassungsinstituts in die Bundesverfassung, so muß es zunächst überraschen, daß die Länderverfassungen in ihrer Mehrheit keine dem Art. 110 Abs. 4 GG entsprechende Vorschrift enthalten. Soweit in ihnen allerdings ein Bepackungsverbot aufgenommen wurde, lehnt es sich im Wortlaut streng an die Bundesvorschrift an[1]. Es sei noch angemerkt, daß in die Landesverfassung für Rheinland-Pfalz erst durch das 21. Landesgesetz zur Änderung der Landesverfassung vom 20. Dezember 1971 (GVBl. 1972 S. 1) das Bepackungsverbot eingeführt wurde[2]. Diese Entwicklung in Rheinland-Pfalz muß nun allerdings bei der erwähnten historischen Bedingtheit jener Verfassungsbestimmung schon als verfassungsrechtliche Kuriosität bezeichnet werden.

Eine eigenartige Bestimmung enthält die Verfassung des Saarlandes, die in Art. 107 Abs. 3 in lapidarer Kürze bestimmt, daß der Haushaltsplan nur finanzielle Bestimmungen enthalten darf[3]. Da diese Regelung

---

[11] BT-Drucks. V/3040, LS 109 (S. 45); ebenso der Schriftliche Bericht des Rechtsausschusses, zu BT-Drucks. V/3605 (S. 11).
[12] 2. u. 3. Ber. in der 204. Sitz. vom 11. 12. 1968, BT-Sten. Ber. S. 11072 u. S. 11075.
[1] Vgl. Art. 79 Abs. 2 S. 4 der Verfassung des Landes Baden-Württemberg v. 11. 11. 1953 (GBl. S. 173); Art. 139 Abs. 3 S. 2 der Verfassung des Landes Hessen v. 1. 12. 1946 (GVBl. S. 229); Art. 49 Abs. 2 S. 4 der Vorläufigen Niedersächsischen Verfassung v. 13. 4. 1951 (GVBl. S. 110).
[2] Vgl. jetzt Art. 116 Abs. 3 S. 1.
[3] Verfassung des Saarlandes v. 15. 12. 1947 (Abl. S. 1077).

jedenfalls ihrem Wortlaut nach nicht für das Haushaltsgesetz gilt, nimmt die Verfassung des Saarlandes eine unklare Zwitterstellung gegenüber dem Bepackungsverbot ein.

Die Abstinenz der Länderverfassungen gegenüber dem geschilderten Verfassungsinstitut läßt sich vielleicht aus der eigenen Verfassungstradition der Länder erklären, die schon zur Weimarer Zeit jenes Institut oft in ihre Verfassungen nicht mehr aufgenommen hatten[4]. Die Länder waren insoweit schon früher parlamentsfreundlicher. Zum Teil läßt sich das Fehlen des Bepackungsverbots auch aus Besonderheiten des Haushaltsrechts erklären. Wenn nach der Verfassung der Freien und Hansestadt Hamburg der Haushaltsplan lediglich durch Beschluß der Bürgerschaft festgestellt wird, so ist für eine Bepackung kein Raum mehr[5]. Die wesentlichen Gefahren, die sich aus der Verbindung des Sachgesetzes mit dem Haushaltsgesetz ergeben können, spielen bei dieser Verfahrensgestaltung keine Rolle mehr. Die fehlende Gesetzlichkeit des Budgets in Hamburg führt aber zu der Frage, ob hier vielleicht das alte Bedingungsverbot als ungeschriebener Grundsatz des Haushaltsrechts weitergilt. Dieses Problem stellt sich auch für die Bundesverfassung und soll daher an anderer Stelle untersucht werden[6].

B. Ungeschriebener Grundsatz des Haushaltsrechts

Wenn somit auch eine Vielzahl der Länderverfassungen kein geschriebenes Bepackungsverbot enthalten, so wird im Schrifttum teilweise die Auffassung vertreten, daß jener alte haushaltsrechtliche Grundsatz dennoch gelte. Giesen / Fricke begründen diese Ansicht für Nordrhein-Westfalen zunächst mit der nur wenig aussagenden Kategorisierung als „Haushaltsmaxime klassischer Art"[7]. Als Anhaltspunkt für die Geltung des zeitlichen Bepackungsverbots werten sie außerdem die Vorschrift des § 18 Abs. 3 LHO v. 14. Dezember 1971 (GV. N. W. S. 397), wonach haushaltsgesetzliche Kreditermächtigungen unter bestimmten Voraussetzungen über den Zeitraum hinaus gelten, für den das Haushaltsgesetz beschlossen wird. Die Übertragung dieses Rechtssatzes aus dem Haushaltsgrundsätzegesetz (§ 13 Abs. 2 HGrG) sei nur dann sinnvoll zu erfassen, wenn man anerkenne, daß im übrigen das

---

[4] *Heckel*, Die Haushaltsgesetze und „Finanzgesetze" der deutschen Länder, S. 414 Fußn. 25 und oben § 7 D.

[5] Vgl. Art. 66 Abs. 2 der Verfassung der Freien und Hansestadt Hamburg v. 6. 6. 1952, dazu *Drexelius / Weber*, Die Verfassung der Freien und Hansestadt Hamburg, Art. 66 Anm. 2.

[6] Vgl. unten § 17 A.

[7] *Giesen / Fricke*, Das Haushaltsrecht des Landes Nordrhein-Westfalen, Art. 81 Rdn. 38.

Verbot der zeitlichen Bepackung gültiges Recht sei[8]. Dieses zweite Argument vermag aber ebenfalls nicht zu überzeugen. Die Vorschrift des § 18 Abs. 3 LHO läßt sich nämlich sinnvoll dahin verstehen, daß der umständliche Weg vermieden werden soll, im Haushaltsgesetz jeweils die Weitergeltung der Bestimmungen über die Kreditermächtigung anordnen zu müssen, was im übrigen Giesen / Fricke an anderer Stelle selbst als ratio des § 18 LHO anführen[9]. Die Vorschrift des § 18 Abs. 3 LHO hat also auch dann ihren Sinn, wenn man von der Nichtgeltung des zeitlichen Bepackungsverbots ausgeht. Die Argumentation aus dem einfachen Gesetz könnte zudem nur die gesetzliche, nicht aber die verfassungsrechtliche Geltung jener Haushaltsmaxime begründen[10].

Für die bayerische Verfassung wird im übrigen in der Kommentarliteratur übereinstimmend die Auffassung vertreten, daß die Aufnahme materiell-rechtlicher Bestimmungen in das Haushaltsgesetz wegen des Fehlens eines Bepackungsverbots zulässig sei[11]. Man sollte daher den Wortlaut der Verfassung akzeptieren und das Fehlen jener Haushaltsmaxime in den betreffenden Länderverfassungen als weitere Rechtfertigungsversuche ausschließend ansehen.

C. Ein Beispiel aus der Länderpraxis

Dort aber, wo die Landesverfassung ein Bepackungsverbot enthält, hat die Haushaltspraxis manchmal zu extrem strenger Einhaltung jenes Verbots geführt. So sah sich im Jahre 1967 das Land Baden-Württemberg wegen des erforderlichen Haushaltsausgleichs genötigt, vorübergehend den Gemeindeanteil an der Einkommen- und Körperschaftsteuer von 26 auf 23 % zu senken. Diese Regelung nahm man nun nicht etwa im Haushaltsgesetz vor. Der Gesetzgeber erließ vielmehr ein besonderes Gesetz zur Änderung des Gesetzes über den kommunalen Finanzausgleich vom 14. März 1967 (GBl. S. 33), das ferner den § 1 des in der Neufassung bekanntgemachten Gesetzes über den kommunalen Finanzausgleich vom 14. März 1967 (GBl. S. 35) um eine Fußnote ergänzte, die die zuvor für das Rechnungsjahr 1967 vorgenommene Änderung festhielt, den eigentlichen Wortlaut des § 1 so, wie er von 1968

---

[8] *Giesen / Fricke*, Art. 81 Rdn. 38.
[9] *Giesen / Fricke*, § 18 Rdn. 7.
[10] Im Ergebnis unklar *Geller / Kleinrahm*, Die Verfassung des Landes Nordrhein-Westfalen, Art. 81 Anm. 5, wenn dort lediglich festgestellt wird, daß die Landesverfassung ein ausdrückliches Bepackungsverbot nicht enthalte.
[11] *Nawiasky / Leusser / Schweiger / Zacher*, Die Verfassung des Freistaates Bayern, Art. 78 Rdn. 4; *Meder*, Handkommentar zur Verfassung des Freistaates Bayern, Art. 78 Rdn. 2.

ab wieder gelten sollte, aber unberührt ließ[12]. Im Schrifttum werden zwar gerade dem Lande Baden-Württemberg gelegentliche Verstöße gegen das Bepackungsverbot vorgeworfen[13], diese Äußerungen leiden aber alle unter dem Mangel, daß der Inhalt jener Haushaltsmaxime entweder überhaupt nicht oder nur oberflächlich bestimmt wird. Auf diese Definitionsversuche wird später noch zurückzukommen sein. Das obige Beispiel zeigt, wie genau man in Baden-Württemberg das Bepackungsverbot einzuhalten versucht.

D. Ergebnis

Der Überblick über die Länderverfassungen hat ein uneinheitliches Bild ergeben. Letztlich erscheint die Aufnahme eines Bepackungsverbots in die Landesverfassung vom Grad der Anlehnung an den Wortlaut der Reichs- oder Bundesverfassung geprägt. Nicht eigene Zielvorstellungen gaben den Ausschlag, sondern das zufällige Moment, wieweit man sich der Reichs- oder Bundesverfassung anschließen wollte. Eine Interpretationshilfe für die Auslegung des Art. 110 Abs. 4 GG vermag dieser Rechtskreis nur begrenzt zu geben. Allenfalls für die „Wichtigkeit" der Vorschrift des Art. 110 Abs. 4 GG vermag das teilweise Fehlen einer Parallelvorschrift in den Länderverfassungen etwas auszusagen.

§ 12 Funktionswandel und Aufgabe der Neuinterpretation

A. Frage nach verbleibendem Sinn des Bepackungsverbots

Unter Berücksichtigung der oben geschilderten[1] verfassungsgeschichtlichen Entwicklung des haushaltsrechtlichen Bepackungsverbots, der unreflektierten Aufnahme in die Verfassung durch den Verfassungsgeber und dem Fehlen einer Parallelvorschrift in der Mehrzahl der Länderverfassungen muß man sich die Frage stellen, ob diese Bestimmung heute noch einen verfassungsrechtlichen Sinn hat. Da diese Haushaltsmaxime zur Zeit der konstitutionellen Monarchie der Geltung des monarchischen Prinzips auch bei den notwendigen Mitwirkungsakten

---

[12] Die Fußnote lautete: „Nach § 1 des Gesetzes zur Änderung des Gesetzes über den kommunalen Finanzausgleich (FAG 1965) vom 14. März 1967 (GBl. S. 33) ist § 1 Abs. 1 des Gesetzes über den kommunalen Finanzausgleich (FAG 1965) in der Fassung der Bekanntmachung vom 8. März 1965 (GBl. S. 49, 90) sowie des Gesetzes zur Änderung des Gesetzes über den kommunalen Finanzausgleich (KAG) vom 29. März 1966 (GBl. S. 48) für den kommunalen Finanzausgleich des Rechnungsjahres 1967 mit der Maßgabe anzuwenden, daß an die Stelle der Zahl 26 die Zahl 23 tritt."
[13] *Spreng / Birn / Feuchte*, Die Verfassung des Landes Baden-Württemberg, Art. 79 Anm. 3; *Bauer*, Bepackte Haushaltsgesetze, S. 128 f.
[1] Vgl. oben § 3 und § 10.

§ 12 Funktionswandel und Aufgabe der Neuinterpretation 55

der Volksvertretungen Raum verschaffen sollte², kann diese historische Bedeutung in der demokratischen Staatsverfassung nicht mehr sinnvoll sein. Das veränderte Verhältnis von Parlament und Regierung hat dazu geführt, daß das Parlament gegen das Bepackungsverbot verstoßende Vorschriften parallel zum Haushaltsgesetz in einem von ihm abgetrennten Gesetz verabschieden kann.

Ob Art. 110 Abs. 4 S. 1 GG gegen Versuche des Parlaments hilft, durch die Drohung mit der Budgetverweigerung die Regierung in den Bereichen, in denen sie frei entscheidet (Beispiel Ministerernennung), zur Rücksichtnahme auf das Parlament zu zwingen, hängt davon ab, inwieweit er entgegen seinem Wortlaut auch ein Bedingungsverbot wie seine Vorgänger aus dem 19. Jahrhundert enthält³.

So entspricht es moderner communis opinio, daß jener Haushaltsmaxime keine besondere rechtliche Bedeutung heute mehr zukomme⁴. Damit verbunden ist die Auffassung, daß die Merkmale einer sich auf Einnahmen und Ausgaben des Bundes beziehenden Vorschrift extensiv auszulegen seien⁵.

B. Budget als Instrument zur Konjunktursteuerung

Das zulässigerweise mit einnahme- und ausgaberegulierenden Vorschriften bepackte Haushaltsgesetz wird so denn auch als taugliches Instrument konjunkturgerechter, antizyklischer Finanzpolitik angesehen. Ausgabenerhöhende Gesetze könnten so auf einfachem Wege durch das Haushaltsgesetz für einen befristeten Zeitraum außer Kraft gesetzt werden⁶.

Die finanzpolitische Steuerungsmöglichkeit mit Hilfe des Budgets sollte man aber nicht überschätzen. Zwar wird die Notwendigkeit einer staatlichen Kontrapolitik⁷ zur Milderung der Konjunkturschwan-

---

² Vgl. oben § 6 A.
³ Vgl. unten § 17 A.
⁴ *Maunz / Dürig / Herzog*, Art. 110 Rdn. 27; *Mußgnug*, Bonner Kommentar, Vorbem. zu Art. 104 a - 115 Anm. 42; ders., Der Haushaltsplan als Gesetz, S. 316 f.; *Piduch*, Bundeshaushaltsrecht, Art. 110 Rdn. 82; *Giesen / Fricke*, Das Haushaltsrecht des Landes Nordrhein-Westfalen, Art. 81 Rdn. 38.
⁵ *Piduch*, Bundeshaushaltsrecht, Art. 110 Rdn. 82; *Vialon*, Haushaltsrecht, Art. 110 Anm. 10; *Giesen / Fricke*, Art. 81 Rdn. 38.
⁶ *Giesen / Fricke*, Art. 81 Rdn. 38.
⁷ Das nationalökonomische Modell der antizyklischen Finanzpolitik ist seit der 1936 von John Maynard Keynes verfaßten Schrift: „The General Theory of Employment" fester Bestandteil aller Darstellungen der Volkswirtschaftslehre. Zum Inhalt dieses Modells statt vieler *Neumark*, Probleme und Mittel moderner Finanzpolitik, S. 180 f.
Die Bundesrepublik Deutschland hat sich durch das Gesetz zur Förderung der Stabilität und des Wachstums der Wirtschaft v. 8. Juni 1967 (BGBl. I

kungen und zur Abwendung von Inflation und Deflation heute allgemein anerkannt[8]. Schließlich führt das Übergreifen des Haushalts in immer neue Lebensbereiche zusammen mit dem Anwachsen des Haushaltsvolumens zwangsläufig dazu, daß er für die Steuerung und Dosierung des Geldkreislaufs eine steigende Bedeutung gewinnt[9]. Die Aufgabe von „Laissez-faire"-Vorstellungen sieht sich aber der Schwierigkeit konfrontiert, daß die „Manövriermasse" des Haushalts gegenüber den Vorbelastungen gering ist[10]. Nur in dem begrenzten Rahmen der „Manövriermasse" läßt sich daher das Budget überhaupt zur Konjunktursteuerung verwenden. Der Beitrag, den das Haushaltsrecht als überwiegend formelles Verfahrensrecht zu einer konjunkturgerechten Finanzpolitik leisten kann, wird daher vielfach überschätzt[11]. Das Bepackungsverbot, ob extensiv oder restriktiv ausgelegt, spielt jedenfalls für diesen Problemkreis keine Rolle. So weit das befristete Außerkraftsetzen ausgabenwirksamer Gesetze überhaupt möglich ist, der einzelne also insbesondere noch kein subjektives öffentliches Recht auf die Leistung erlangt hat, läßt sich dies auch durch Verabschiedung eines vom Haushaltsgesetz getrennten Spezialgesetzes durchführen.

C. Auslotung der Schutzrichtungen

Wenn somit das Bepackungsverbot auch nicht als ein die moderne Konjunktursteuerung behinderndes Verfassungsinstitut angesehen werden kann, so ist die dabei gezeigte Neutralität auch kein Mittel, jener Haushaltsmaxime in einer demokratischen Staatsverfassung neue Konturen zu geben. Bei der Erfüllung der Aufgabe der Neuinterpretation wird man sich daher der Schutzrichtungen besinnen müssen, die dem Bepackungsverbot zunächst zugedacht waren.

S. 582) das notwendige konjunkturpolitische Instrumentarium geschaffen. Dazu die Kommentare von *Stern / Münch* (1967) und von *Möller* (1968).

[8] Vgl. etwa die Referate zum Thema öffentlicher Haushalt und Wirtschaft auf der Tagung der Deutschen Staatsrechtslehrer vom 2. bis 5. Oktober 1968 in Bochum (VVDStRL H. 27): *Friauf*, S. 13 ff.; *Wagner*, S. 52 f. Dazu auch die Stellungnahme des damaligen Bundesfinanzministers *Schmidt*, Theorie und Thesen der Finanzpolitik, Handelsblatt Nr. 169 vom 3. 9. 1973.

[9] *Korff*, Neuordnung der Haushaltswirtschaft des Bundes, S. 106; *Zunker*, Finanzplanung und Bundeshaushalt, S. 24; *Patzig*, Probleme einer Neuordnung des Finanz- und Haushaltsrechts, VwArch. 1967, S. 11; *Kamp / Langheinrich / Stamm*, Die Ordnung der öffentlichen Finanzen, S. 175.

[10] *Korff*, S. 107 veranschlagte 1964 die gesamten Vorbelastungen für Bund und Länder mit 110 bis 120 Mrd. DM; *Wagner*, Öffentlicher Haushalt und Wirtschaft, VVDStRL H. 27, S. 52 Fußn. 15 hält 85 % der Ausgaben des Bundeshaushalts für invariabel; *Mußgnug*, Der Haushaltsplan als Gesetz, S. 23 schätzt die Manövriermasse des Bundeshaushalts sogar nur auf 10 % ein.

[11] *Hettlage*, Grundfragen einer Neuordnung des deutschen Finanzrechts, S. 86.

§ 12 Funktionswandel und Aufgabe der Neuinterpretation   57

Im Rahmen der Darstellung der historischen Entwicklung jener Verfassungsbestimmung wurde gezeigt, daß ihr zwei Schutzrichtungen zugeordnet worden sind. Man muß die „vertikale" zwischen Bundestag und Bundesregierung sowie die „horizontale" Schutzrichtung zwischen Bundestag und Bundesrat unterscheiden[12]. Diese beiden Schutzrichtungen sind für das heutige Verfassungsrecht zu analysieren, um so die Frage nach dem verbleibenden Sinn und Zweck der erörterten Haushaltsmaxime in einer demokratischen Staatsverfassung beantworten zu können. Soweit man sich darüber Klarheit verschafft hat, wird auch die Definition einer sich auf Einnahmen und Ausgaben des Bundes beziehenden Vorschrift möglich sein.

D. Ergebnis

Die demokratische Staatsverfassung muß zu einem Funktionswandel des Bepackungsverbots geführt haben. Bei der daher notwendigen Neuinterpretation jener Haushaltsmaxime ist auszugehen von den traditionellen Schutzrichtungen, die diesem Verbot zugeordnet worden sind. Aus dem Problemkreis Konjunktursteuerung durch öffentlichen Haushalt sind für diese Neuinterpretation keine Impulse zu erwarten.

---

[12] Die in der Begriffswahl „vertikale Schutzrichtung" zum Ausdruck kommende Vorstellung von „oben" und „unten" dient nur der bildhaften Darstellung, nicht aber der Einräumung einer Superiorität des einen Verfassungsorgans gegenüber dem anderen Verfassungsorgan.

Fünfter Teil

Neuinterpretation einer Verfassungsvorschrift

§ 13 Die „vertikale" Schutzrichtung des Bepackungsverbots

A. *Gesetzgeber nach dem Grundgesetz*

Inhaber der gesetzgebenden Gewalt nach dem Grundgesetz ist der Bundestag allein oder im Zusammenwirken mit dem Bundesrat, wobei die Besonderheiten des Gesetzgebungsnotstands nach Art. 81 GG und der Notstandsverfassung unberücksichtigt bleiben können. Die nach Art. 20 Abs. 2 S. 1 GG vom Volke ausgehende Staatsgewalt ist der Ausübung[1] nach auf drei Gewaltenträger verteilt, die verschiedene Staatsfunktionen wahrnehmen. Als Folge dieser Aufspaltung der Wahrnehmung der Staatsfunktionen ist die Stellung des Parlaments bei der Gesetzgebung heute stärker als die des Herrschers in der konstitutionellen Monarchie[2]. Es gibt keinen generellen Zustimmungsvorbehalt zugunsten der Regierung im Rahmen der Gesetzgebung des Parlaments, sieht man einmal von der, verfassungsrechtlich allerdings gewichtigen, Ausnahme des Art. 113 GG ab[3]. Gesetzgebende Gewalt steht der Regierung daher grundsätzlich nicht mehr zu.

Dieser verfassungsrechtliche Tatbestand ist zu berücksichtigen, wenn die „vertikale" Schutzrichtung des Bepackungsverbots im Verhältnis Parlament/Regierung geprüft werden soll. Da sich die Aufnahme eines Bepackungsverbots in die Verfassung strukturell als Schutzbestimmung für den Inhaber der gesetzgebenden Gewalt auswirkt, durch die Notwendigkeit der Verabschiedung des Haushaltsgesetzes soll der Gesetzgeber nämlich nicht zur gleichzeitigen Billigung anderer gesetzlicher

---

[1] Die Staatsgewalt als solche ist nicht teilbar, vgl. *Maunz / Dürig / Herzog*, Art. 20 Rdn. 76; *v. Mangoldt / Klein*, Art. 20 Anm. V 43 (S. 595); *Jesch*, Gesetz und Verwaltung, S. 92; *Grupp*, Die Stellung der Rechnungshöfe in der Bundesrepublik Deutschland, S. 138.

[2] Zur Aufteilung der gesetzgebenden Gewalt in der konstitutionellen Monarchie vgl. oben § 6 B.

[3] Gemäß Art. 113 GG bedürfen Gesetze, welche die von der Bundesregierung vorgeschlagenen Ausgaben des Haushaltsplanes erhöhen oder neue Ausgaben in sich schließen oder für die Zukunft mit sich bringen, der Zustimmung der Bundesregierung. Das gleiche gilt für Gesetze, die Einnahmeminderungen in sich schließen oder für die Zukunft mit sich bringen.

Vorschriften gezwungen werden können, liegt es nahe, diese Haushaltsmaxime heute als Schutznorm zugunsten des Bundestags gegen Bepackungen des Haushaltsgesetzes seitens der Bundesregierung zu qualifizieren. Das Bepackungsverbot wäre dann gegenüber seinem ursprünglichen Sinn „umfunktioniert"[4] und bezwecke heute den „Schutz des Parlaments vor Überrumpelungen durch die Regierung"[5].

Es soll hier nicht bestritten werden, daß sich die in Frage stehende Haushaltsmaxime juristisch als Schutznorm zugunsten des Bundestags auswirkt. Schaden kann sie nicht, weil der Bundestag ein Argument mehr erhält, wenn es gilt, Bepackungsversuche abzuwehren, mit denen die Regierung den Zeitdruck der Etatverhandlungen für ihre Ziele fruchtbar machen möchte.

Um dieser Vorschrift aber aus der „vertikalen" Schutzrichtung noch einen Sinn abgewinnen zu können, bedürfte es der Begründung, daß insoweit auch noch ein verfassungsrechtliches Schutzbedürfnis besteht. Andernfalls müßte man das genannte Verfassungsinstitut als heute überflüssige Übersicherung des Bundestags bezeichnen.

B. Monismus zwischen Parlament und Regierung

Die Annahme eines Schutzbedürfnisses des Bundestags wird schon dadurch zweifelhaft, daß das parlamentarische System den traditionellen Dualismus zwischen Parlament und Regierung aufgehoben hat. Zwischen beiden besteht eine allgemeine „Harmonie der politischen Richtung"[6]. Im parlamentarischen System ist das Verhältnis zwischen Regierung und Parlament monistisch[7]. Die politische Frontstellung zwischen Regierung und Opposition wird verwischt, weil die mit der Regierung politisch harmonierende Parlamentsmehrheit die Beschlüsse des Parlaments bestimmt und daher auch das Gesamtparlament in seinen Willensäußerungen mit der Regierung übereinstimmt. Die juristische Funktionentrennung zwischen Parlament und Regierung mag bedeuten, daß die parlamentarische Regierungsform durch das Verfassungsrecht noch dualistisch gestaltet ist[8]. Das parlamentarische Sy-

---

[4] *Friauf*, Der Staatshaushaltsplan im Spannungsfeld zwischen Parlament und Regierung, S. 23 Fußn. 25.
[5] *Bauer*, Bepackte Haushaltsgesetze, S. 96. Nach *Wacke*, Das Finanzwesen der Bundesrepublik, S. 83, soll sich das Bepackungsverbot allerdings immer noch gegen die Parlamente richten.
[6] *C. Schmitt*, Verfassungslehre, S. 338. Zur Parlamentarismuskritik durch C. Schmitt, vgl. *Peter Schneider*, Ausnahmezustand und Norm, S. 105 ff.
[7] *Thoma*, Das Reich als Demokratie, S. 196; *C. Schmitt*, S. 325, 338; *Gehrig*, Parlament-Regierung-Opposition, S. 87; *Werner Weber*, Das Richtertum in der deutschen Verfassungsordnung, S. 267. Gegen diese monistische Betrachtungsweise *Friesenhahn*, Parlament und Regierung im modernen Staat, S. 35.

stem allerdings nur juristisch behandeln, „hieße Wasser in einem Siebe auffangen wollen"[9]. Daher erscheint es gerechtfertigt, von der Ersetzung des traditionellen Dualismus von Gesamtparlament und Regierung durch den Gegensatz zwischen der parlamentarischen Minderheit und der parlamentarischen Regierung zu sprechen[10]. Notwendige Überrumpelungen der Bundestagsmehrheit durch die Bundesregierung sind daher nur in Ausnahmefällen vorstellbar.

Sollte es aber dennoch einmal zu derartigen Überrumpelungsversuchen seitens der Bundesregierung kommen, so könnte man daran denken, dieses Verhalten schon aus dem Gesichtspunkt der „Organtreue" für unzulässig zu erklären. Dieses Verfassungsinstitut kann man analog dem anerkannten Grundsatz der „Bundestreue"[11] auf das Gesetzgebungsverfahren anwenden. Der Grundsatz der Bundestreue verpflichtet Bund und Länder, dem Wesen des bundesstaatlichen Bündnisses entsprechend zusammenzuwirken und zu seiner Festigung und zur Wahrung seiner und der wohlverstandenen Belange seiner Glieder beizutragen[12]. Nach der Rechtsprechung des Bundesverfassungsgerichts zieht die Pflicht zu bundesfreundlichem Verhalten dem Bund und den Ländern in erster Linie eine Schranke beim Gebrauchmachen von ihren Zuständigkeiten[13]. Eine Verletzung des Grundsatzes der Bundestreue kann aber nur bei offenbarem Mißbrauch festgestellt werden[14]. Hier interessiert vor allen Dingen, daß auch das „procedere" und der Stil der Verhandlungen, die zwischen dem Bund und seinen Gliedern und zwischen den Ländern im Verfassungsleben erforderlich werden, unter

---

[8] Vgl. etwa *Loewenstein*, Verfassungslehre, S. 77, wonach das „echte" parlamentarische System auf einer „dualistischen Struktur" basiere. Nach *Giese*, Parlament und Regierung, DÖV 1957, 638 ist der Dualismus sogar „unerläßliche Voraussetzung für das richtige Verhältnis zwischen Parlament und Regierung".

[9] *Scheuner*, Über die verschiedenen Gestaltungen des parlamentarischen Regierungssystems, AÖR Bd. 13 NF, S. 213.

[10] *Gehrig*, S. 94. Die nach Fertigstellung der Arbeit erschienene Monographie von *Hans-Peter Schneider*, Die parlamentarische Opposition im Verfassungsrecht, Frankfurt a. M. 1974, konnte im Text nicht mehr berücksichtigt werden.

[11] Der Begriff wurde von *Rudolf Smend*, Ungeschriebenes Verfassungsrecht im monarchischen Bundesstaat, S. 50 f. in die deutsche Staatsrechtslehre eingeführt.

[12] *Leibholz / Rinck*, Art. 20 Rdn. 4; *Maunz / Dürig / Herzog*, Art. 20 Rdn. 22; *v. Mangoldt / Klein*, Art. 20 Anm. III 3 b (S. 590 f.); *Bayer*, Die Bundestreue, S. 72 ff.

[13] *BVerfGE* 4, 115 ff. (140); 8, 122 ff. (138).

[14] Zur Funktion der Bundestreue als Mißbrauchstatbestand in der Rechtsprechung des BVerfG, vgl. *Lerche*, Das Bundesverfassungsgericht und die Verfassungsdirektiven, AÖR 90, S. 371 Fußn. 110; *Bauschke*, Bundesstaatsprinzip und Bundesverfassungsgericht, S. 124. Bauschke interpretiert die Bundestreue darüber hinaus zur Pflicht zu „bundesstaatlicher Kooperation", a.a.O., S. 135 ff.

§ 13 Die „vertikale" Schutzrichtung des Bepackungsverbots   61

dem Gebot des bundesfreundlichen Verhaltens stehen[15]. Auch für das Gesetzgebungsverfahren sollte man daher von einer Verpflichtung zur „Organtreue" ausgehen[16], die es den am Verfahren beteiligten Organen verbietet, mit Taschenspielertricks zu arbeiten. Überrumpelungsversuche der Bundesregierung könnte man daher auch ohne ein Bepackungsverbot für unzulässig erklären. Im übrigen steht es im Belieben des Bundestags, sich auf ein derartiges Verfahren einzulassen. Die eigentliche Misere beginnt erst dann, wenn Bundestagsmehrheit und Regierung am gleichen Strang ziehen, um so das Diskussionsverlangen der Opposition zu umgehen.

Die Annahme eines Schutzbedürfnisses des Bundestags steht zudem im Widerspruch zur Bewertung der Regierung als bloßen Ausschuß des Parlaments[17] und der damit zusammenhängenden Lehre von der Organsouveränität des Parlaments[18]. Zwar fehlt es nicht an Stimmen, die sich gegen die theoretische Absicherung eines Parlamentsabsolutismus wenden[19]. Diese verfassungsrechtliche Diskussion zielt aber jedenfalls nicht darauf ab, das Parlament vor der Regierung zu schützen, sondern bezweckt die Absicherung des Bereichs der Regierung vor Übergriffen des Parlaments. Es muß daher als anachronistisch erscheinen, ausgerechnet im Haushaltsrecht noch ein Schutzbedürfnis des Bundestags zu begründen. Als Druckmittel der Regierung läßt sich das bepackte Haushaltsgesetz aber auch deshalb nicht anwenden, weil niemand den Bundestag hindern kann, den Haushalt ohne die bepackte

---

[15] *Leibholz / Rinck*, Art. 20 Rdn. 7. Für die Geschäftsordnung des Parlaments hat das BVerfG festgestellt: „Die Geschäftsordnung des Parlaments setzt voraus, daß die von ihr zur Wahrnehmung bestimmter Funktionen berufenen Organe diese in vernünftigen Grenzen ausüben und nicht mißbrauchen ..." (BVerfGE 1, 144, 149). Kritisch gegenüber der Annahme von Treuepflichten zwischen Organen derselben juristischen Person, *Bayer*, S. 55 f.

[16] Ebenso *Hans Schneider*, Der Niedergang des Gesetzgebungsverfahrens, S. 422 f.; *Stern / Bethge*, Öffentlich-rechtlicher und privatrechtlicher Rundfunk, S. 36 f.; *Pestalozza*, Formenmißbrauch des Staates, S. 99; *Kloepfer*, Vorwirkung von Gesetzen, S. 53, der darin einen Anwendungsfall des „kooperativen Verfassungssinns" sieht.
Das *BVerfG* (Bd. 29, 221 ff., 233) hat das Bestehen eines Gebots zur „Organtreue" ausdrücklich offen gelassen.

[17] *Glum*, Die staatsrechtliche Struktur der Bundesrepublik Deutschland, S. 151; *Nawiasky*, Die Stellung der Regierung im modernen Staat, S. 7; dagegen *Köttgen*, Fondsverwaltung in der Bundesrepublik, S. 37 mit pointierter Begründung.

[18] Die Organsouveränität des Parlaments betrifft danach lediglich die Stellung gegenüber anderen Gewaltenträgern, steht also nicht in Widerspruch zur Bindung an die verfassungsmäßige Ordnung nach Art. 20 Abs. 3 GG, vgl. *Jesch*, Gesetz und Verwaltung, S. 99. Der Vorrang des Parlaments wird auch bejaht von *Friesenhahn*, S. 33 Fußn. 62.

[19] *Forsthoff*, Über Maßnahme-Gesetze, S. 222; *Hildegard Krüger*, Die Verfassungswidrigkeit der lex Schörner, DVBl. 1955, S. 758 ff.

Vorschrift zu beschließen. Die Nichtannahme einer einzelnen Bestimmung des Haushaltsgesetzes hätte nicht die Folge, daß damit die gesamte Haushaltsvorlage gescheitert wäre und der Bundestag daher in der öffentlichen Meinung mit dem Vorwurf der Nachlässigkeit gegenüber einem geordneten Finanzwesen belastet wäre. Der Bundestag ist vielmehr „souverän" genug, auch ein geändertes Haushaltsgesetz rechtzeitig zu verabschieden. Schwierigkeiten könnten sich nur ergeben, wenn von der bepackten Vorschrift der nach Art. 110 Abs. 1 S. 2 GG vorgeschriebene Haushaltsausgleich abhängt. Dann würde aber ein Bezug zu Einnahmen und Ausgaben vorliegen und auch das gegenwärtige Bepackungsverbot zumindest dem Bundestag nicht helfen. Aus der „vertikalen" Schutzrichtung läßt sich daher kein Schutzbedürfnis des Bundestags begründen.

C. Budgetinitiative und Bepackungsverbot

Die bisherige Argumentation ging davon aus, daß das Bepackungsverbot heute „umfunktioniert" sei und strukturell als Schutzbestimmung für den Bundestag wirke. Dabei wurde allerdings noch nicht berücksichtigt, daß das Gesetzgebungsverfahren des Haushaltsgesetzes nach h. M. gegenüber dem ordentlichen Gesetzgebungsverfahren die Besonderheit aufweisen soll, daß das Haushaltsgesetz auch nach dem GG nur als Regierungsvorlage eingebracht werden dürfe. Die sonst nach Art. 76 Abs. 1 GG zulässige Gesetzesinitiative anderer Organe sei für das Haushaltsgesetz eingeschränkt. Die „Budgetinitiative" gilt daher als Monopol der Regierung[20]. Diese Auffassung findet allerdings im Wortlaut des Grundgesetzes keine Stütze[21].

Es soll hier aber offen bleiben, ob die Bewahrung der Budgetinitiative für die Bundesregierung das „autoritäre Gegengewicht"[22] dar-

---

[20] *Maunz / Dürig / Herzog*, Art. 110 Rdn. 14; *v. Mangoldt*, Art. 110 Anm. 3 (S. 583); *Heckel*, Budgetäre Ausgabeninitiative zugunsten eines Reichskulturfonds, AÖR N. F. Bd. 12 (1927), S. 440. Auch das *BVerfG* (Bd. 1, 144, 161) geht in einem Nebensatz von dieser Auffassung aus.

[21] Man hat zwar versucht, den Wortlaut des Art. 113 GG („... die von der Bundesregierung vorgeschlagenen Ausgaben ...") als Argument heranzuziehen, vgl. *Gehrig*, Parlament-Regierung-Opposition, S. 259 Fußn. 43. Art. 113 GG läßt aber nicht erkennen, daß nur die Bundesregierung die Ausgaben des Haushaltsplans als Erster vorschlagen darf. *Piduch*, Bundeshaushaltsrecht, Art. 110 Rdn. 15, beruft sich auf Art. 110 Abs. 3 GG, ohne dies aber näher zu begründen. Es mag zutreffen, daß man bei Fassung dieser neuen Vorschrift nur an das Monopol der Regierung dachte. Aber auch Art. 110 Abs. 3 GG bestimmt nicht, daß die „Gesetzesvorlage" ausschließlich von der Regierung initiiert sein darf. Kritisch zum Monopol der Regierung auch *Friauf*, Der Staatshaushaltsplan im Spannungsfeld zwischen Parlament und Regierung, S. 283.

[22] *Hettlage*, Die Finanzverfassung im Rahmen der Staatsverfassung, in: VVDStRL H. 14, S. 12.

stellen soll, welches man wegen der als Durchbrechung der Gewaltenteilung angesehenen Feststellung des Haushaltsplans durch ein formelles Gesetz für notwendig erachtet. Selbst wenn man nämlich aus Sachgründen[23] ein Monopol der Bundesregierung für angebracht hält, so wäre das Bepackungsverbot als Schutzvorschrift für diese Budgetinitiative ungeeignet. Der Inhalt des Haushaltsgesetzes bedarf immer der Zustimmung der Mehrheit des Bundestags. Zwar könnte man daran denken, daß das von der Bundesregierung vorgeschlagene Haushaltsgesetz durch Bepackungen den Charakter eines Programms der Bundesregierung verlieren würde. Eine derartige Garantie vermag aber die Gewährung des Monopols der Budgetinitiative nicht zu geben. Andernfalls wäre die Bundesregierung über ihr Initiativrecht doch Teilhaber an der gesetzgebenden Gewalt. Das Bepackungsverbot betrifft den Inhalt des Haushaltsgesetzes, die Budgetinitiative kann diesen Inhalt aber nicht bestimmen. Beide Verfassungsinstitute betreffen verschiedene Bereiche und können daher nicht untereinander Schutzwirkungen ausüben.

D. Ergebnis

Im Ergebnis ist also festzuhalten, daß das Bepackungsverbot im Rahmen der „vertikalen" Schutzrichtung zu einer heute überflüssigen Sicherung des Bundestags als des Inhabers gesetzgeberischer Gewalt führt. Einen verfassungsrechtlichen Sinn hat diese Haushaltsmaxime im Verhältnis zwischen Bundestag und Bundesregierung nicht mehr. Dem würde es entsprechen, die Merkmale einer Vorschrift, die sich auf die Einnahmen und Ausgaben des Bundes bezieht, möglichst extensiv zu interpretieren.

§ 14 Die „horizontale" Schutzrichtung des Bepackungsverbots

A. Verfassungsrechtliche Grundlagen

Das Haushaltsgesetz ist Einspruchsgesetz, da es nicht auf Grund einer ausdrücklichen Vorschrift des GG der Zustimmung des Bundesrats bedarf. Der Bundesrat kann daher gegen einzelne Bestimmungen des Haushaltsgesetzes nur den Vermittlungsantrag nach Art. 77 Abs. 2 S. 1 GG stellen, da sich der Einspruch nach Art. 77 Abs. 3 S. 1 GG nicht auf einzelne Bestimmungen, sondern nur auf das Gesetz als Ganzes

---

[23] Als Sachgrund wird vor allen Dingen angeführt, daß nur die Bundesregierung den notwendigen „Apparat" besitze, um einen Haushaltsplan aufzustellen. Dieses Argument trifft heute allerdings schon bei einer Vielzahl von Gesetzgebungsgegenständen zu, ohne daß man daraus die Schlußfolgerung ziehen würde, das Initiativrecht der anderen Organe nach Art. 76 Abs. 1 GG sei auch insoweit eingeschränkt.

beziehen darf[1]. Wird allerdings das Haushaltsgesetz mit einer zustimmungspflichtigen Vorschrift bepackt, so bedarf das gesamte Haushaltsgesetz der Zustimmung des Bundesrats[2]. Umgekehrt könnte der Bundesrat die Zustimmung in diesem Falle dann aber auch wegen einzelner Vorschriften ganz versagen, obwohl diese für sich allein betrachtet nicht zustimmungsbedürftig wären[3].

Von diesem weitgehend anerkannten[4] verfassungsrechtlichen Hintergrund ist auszugehen, wenn die „horizontale" Schutzrichtung des Bepackungsverbots im Verhältnis Bundestag/Bundesrat geprüft werden soll. Im Rahmen der Darstellung der historischen Entwicklung jener Haushaltsmaxime wurde eine „horizontale" Schutzrichtung jedenfalls dann angenommen, wenn in einem Zweikammer-System der einen Kammer im Rahmen der Etatfeststellung weniger Rechte als im „normalen" Gesetzgebungsverfahren gewährt werden[5]. Dazu ist für das Verhältnis Bundestag/Bundesrat festzustellen, daß sich die Möglichkeit der Einlegung des Einspruchs oder der Verweigerung der Zustimmung für den Bundesrat bei der Verabschiedung des Haushaltsgesetzes vom „normalen" Gesetzgebungsverfahren nicht unterscheidet[6].

B. Das Recht des ersten Votums durch den Bundesrat

Das Gesetzgebungsverfahren für das Haushaltsgesetz weist nach Art. 110 Abs. 3 GG die Besonderheit auf, daß die Gesetzesvorlage gleichzeitig mit der Zuleitung an den Bundesrat beim Bundestag eingebracht wird[7]. Diese in erster Linie der Verfahrensbeschleunigung dienende Ausnahmevorschrift[8] wurde durch die Haushaltsreform 1969 in das GG

---

[1] *Maunz / Dürig / Herzog*, Art. 77 Rdn. 17; *v. Mangoldt / Klein*, Art. 77 Anm. V 4 (S. 1779); *Wessel*, Der Vermittlungsausschuß nach Art. 77 des Grundgesetzes, S. 309 ff.

[2] *Maunz / Dürig / Herzog*, Art. 77 Rdn. 8; *v. Mangoldt / Klein*, Vorbem. V 3 zu Art. 70; *Piduch*, Bundeshaushaltsrecht, Art. 110 Rdn. 82.

[3] *Maunz / Dürig / Herzog*, Art. 77 Rdn. 8; *v. Mangoldt / Klein*, Vorbem. V 3 zu Art. 70.

[4] Zum Teil wird allerdings auch die Auffassung vertreten, daß sich das Zustimmungserfordernis nicht auf das ganze Gesetz bezieht, sondern nur auf die einzelnen zustimmungspflichtigen Vorschriften, vgl. *Schneider*, Die Zustimmung des Bundesrats zu Gesetzen, DVBl. 1953, S. 260. Bei „untrennbaren sachlichem Zusammenhang" sei dann allerdings wieder Gesamtzustimmung erforderlich.

[5] Vgl. oben § 3 B.

[6] *Piduch*, Bundeshaushaltsrecht, Art. 110 Rdn. 66.

[7] Bei den übrigen Gesetzesvorlagen werden die Vorlagen der Bundesregierung nach Art. 76 Abs. 2 S. 1 GG zunächst nur dem Bundesrat zugeleitet. Der Bundesrat ist dann nach Art. 76 Abs. 2 S. 2 GG berechtigt, innerhalb von sechs Wochen zu diesen Vorlagen Stellung zu nehmen.

[8] *Piduch*, Bundeshaushaltsrecht, Art. 110 Rdn. 68.

§ 14 Die „horizontale" Schutzrichtung des Bepackungsverbots

eingefügt. Der Bundesrat hatte deshalb zwar den Vermittlungsausschuß angerufen, der aber einstimmig die Aufrechterhaltung des Art. 110 Abs. 3 GG empfahl[9]. Nach Auffassung des Bundesrats sprachen wichtige verfassungspolitische Gründe gegen die Regelung des Art. 110 Abs. 3 GG. Durch die gleichzeitige Zustellung des Bundeshaushalts an Bundesrat und Bundestag sei die Beschlußfassung des Bundesrats im ersten Durchgang zur Bedeutungslosigkeit herabgemindert. Die Stellungnahme des Bundesrats im ersten Durchgang erhielte aber gerade dadurch Gewicht, daß sie zusammen mit dem Bundeshaushalt dem Bundestag vorgelegt werde[10]. Die damalige Diskussion zeigt, welche Bedeutung der Bundesrat seinem Recht des ersten Votums[11] nach Art. 76 Abs. 2 GG doch zumaß. Dieses Recht ist dem Bundesrat für das Haushaltsgesetz durch Art. 110 Abs. 3 GG genommen. Der Bundesrat hat daher bei der Verabschiedung des Haushaltsgesetzes weniger Rechte als im „normalen" Gesetzgebungsverfahren.

Schon dadurch gewinnt das Bepackungsverbot aus seiner „horizontalen" Schutzrichtung auch heute noch einen verfassungsrechtlichen Sinn. Das Recht des ersten Votums gibt dem Bundesrat nicht zu unterschätzende Einwirkungsmöglichkeiten auf die Beschlußfassung des Bundestags, da er sich für seine Änderungsvorschläge auf die Erfahrungen der Ministerialbürokratie der Länder stützen kann[12]. Man hat daher das Recht des ersten Votums auch als „differenzierte Ausbalancierung von Machtpositionen"[13] bezeichnet, weil mit diesem Recht die Überlegenheit der Bundesregierung bei der Ausarbeitung von Gesetzesvorlagen ausgeglichen werden solle. Diese Überlegenheit der Bundesregierung ist oft geschildert worden[14]. Die bis ins Einzelne durchparagra-

---

[9] Ber. des Vermittlungsausschusses in BT-Drucks. V/3896.

[10] Empfehlungen des Sonderausschusses vom 30. 1. 1969, BR-Drucks. 14/1/69 (S. 17).

[11] Dazu *Kutscher*, Verfassungsrechtliche Fragen aus der Praxis des Bundesrats, DÖV 1952, S. 711; *Lechner*, Zur Entwicklung der Rechtsstellung des Bundesrats, DÖV 1952, S. 419; *Schäfer*, Der Bundesrat, S. 65 ff.; *Strickrodt*, Das Recht des ersten Votums in der Politik des Bundesrats, DÖV 1950, S. 525 ff.; *Katzenstein*, Rechtliche Erscheinungsformen der Machtverschiebung zwischen Bund und Ländern seit 1949, DÖV 1958, S. 597 f.; *Goppel*, Die Rechtstellung des Bundesrates und des Bayerischen Senats bei der Gesetzesinitiative, S. 106 f.

[12] *Strickrodt*, S. 526.

[13] *Kirn*, Die Umgehung des Bundesrates bei ganz besonders eilbedürftigen Regierungsvorlagen, ZRP 1974, S. 3.

[14] An die Diskussion um die Parlamentsreform sei hier erinnert, vgl. dazu die bei *Loewenberg*, Parlamentarismus im politischen System der Bundesrepublik Deutschland, S. 550 f., speziell zur Parlamentskritik und Parlamentsreform zusammengestellte Bibliographie. Die Analyse: „Das Grunddilemma des heutigen Parlamentarismus ist mit keinem Mittel zu beheben", so *Forsthoff*, Der Staat der Industriegesellschaft, S. 96, läßt den Bestrebungen um eine Parlamentsreform allerdings wenig Aussichten.

phierte Gesetzesvorlage, ausgearbeitet durch den sach- und fachkundigen Beamtenstab der Ministerialbürokratie, führt aufgrund der von ihr ausgelösten psychologischen Wirkungen bei den Abgeordneten des Bundestags zu Hemmungen, das geschlossene Werk noch abzuändern. Es sind dies die bekannten Schwierigkeiten der Umgestaltung von Vorlagen, wobei hinzukommt, daß diese Umgestaltung Fachkenntnis und Gesetzestechnik verlangt, was den einzelnen Abgeordneten oft überfordern muß. Gegebenenfalls kann man die im Bundesrat zu Wort kommenden Länderbürokratien sogar als potentielle „Verbündete" der Opposition[15] gegen die Übermacht der Bundesregierung im Gesetzgebungsverfahren ansehen.

Auch positivrechtlich gibt es ein Argument, das die Bedeutung des Rechts des ersten Votums unterstreicht. Durch Verfassungsänderung im Jahre 1968[16] wurde die Regelfrist für die Stellungnahme des Bundesrats im ersten Durchgang gemäß Art. 76 Abs. 2 S. 2 GG von drei auf sechs Wochen verlängert, um so dem Bundesrat genügend Zeit für die ausführliche Beratung seiner Stellungnahme zu belassen. Mit dieser Fristverlängerung wurde gleichzeitig die Bedeutung des Rechts des ersten Votums des Bundesrats anerkannt. Nur in Ausnahmefällen und bei vorher bezeichneter Eilbedürftigkeit kann die Bundesregierung jetzt gemäß Art. 76 Abs. 2 S. 3 GG die Vorlage schon nach drei Wochen an den Bundestag weiterleiten. Würde es daher an jedem Bepackungsverbot in der Verfassung für das Haushaltsgesetz fehlen, so würde das Recht des Bundesrats aus Art. 76 Abs. 2 GG dem Belieben der Bundesregierung unterliegen, die dafür zudem noch Anregungen von der politisch harmonierenden Bundestagsmehrheit bekommen könnte. Da es sich bei der Haushaltsvorlage nach h. M.[17] immer um eine Regierungsvorlage handelt, wäre hier grundsätzlich immer das Recht des ersten Votums des Bundesrats betroffen. Die Existenz eines Bepackungsverbots verhindert daher zumindest, daß nicht bei jeder Vorschrift das Recht des ersten Votums des Bundesrats durch Art. 110 Abs. 3 GG ausgeschlossen werden kann.

Grundsätzlich beginnen die Beratungen von Gesetzentwürfen im Bundestag frühestens am dritten Tage nach Verteilung der Drucksache, vgl. § 77 Abs. 2 S. 1 BT-GeschO[18]. Bezüglich der Beratung der

---

[15] Nach *Kirn*, S. 3, soll man sie als potentielle „Verbündete" des Bundestags ansehen können. Diese idealisierende Betrachtungsweise verwischt aber die faktischen Gegebenheiten, die durch den Monismus zwischen Regierung und Bundestagsmehrheit gekennzeichnet sind.

[16] 18. Gesetz zur Änderung des Grundgesetzes v. 15. 11. 1968 (BGBl. I S. 1177).

[17] Vgl. oben § 13 C.

[18] In der Fassung vom 22. 5. 1970 (BGBl. I 628); abgedruckt bei *Lechner / Hülshoff*, S. 186 ff.

§ 14 Die „horizontale" Schutzrichtung des Bepackungsverbots 67

Haushaltsvorlage bestimmt allerdings § 94 Abs. 2 BT-GeschO, daß jedenfalls die zweite Beratung frühestens sechs Wochen nach Zuleitung an den Bundesrat erfolgen darf, es sei denn, die Stellungnahme des Bundesrates geht vor Ablauf der in Art. 110 Abs. 3 GG vorgesehenen Frist ein. Damit soll ersichtlich die Stellungnahme des Bundesrats nach Art. 110 Abs. 3 GG zu einem Zeitpunkt in die Beratung eingeführt werden, der Änderungsvorschlägen des Bundesrats noch Aussichten auf Realisierung beläßt. Lediglich die erste Beratung der Haushaltsvorlage erfolgt daher ohne die Stellungnahme des Bundesrats. Während dieser ersten Beratung des Haushaltsentwurfs im Plenum des Bundestags, die mit der Haushaltsrede des Bundesfinanzministers eingeleitet wird, findet aber nur eine allgemeine Aussprache statt, die mit der Überweisung der Haushaltsvorlage an den Haushaltsausschuß des Bundestags endet. Erst dort wird nunmehr die Gesetzesvorlage in allen Einzelheiten beraten. Da sich die Beratung im Haushaltsausschuß in aller Regel über einen längeren Zeitraum als sechs Wochen erstreckt, kann faktisch die zweite Beratung im Plenum des Bundestags auch erst dementsprechend später erfolgen, so daß die „Sicherung" des § 94 Abs. 2 BT-GeschO für die Stellungnahme des Bundesrats nach Art. 110 Abs. 3 GG eigentlich überflüssig ist. Der Ausschluß des Rechts des ersten Votums durch Art. 110 Abs. 3 GG hat daher lediglich die Folge, daß bei der „allgemeinen" Beratung im Plenum des Bundestags die Stellungnahme des Bundesrats eventuell noch nicht vorliegt, bei der Einzelberatung im Haushaltsausschuß diese Stellungnahme aber Berücksichtigung finden kann, soweit dazu die Bereitschaft besteht.

Man mag daher die Bedeutung des Ausschlusses des Rechts des ersten Votums durch Art. 110 Abs. 3 GG in den obigen Ausführungen als faktisch überbewertet ansehen, da die Stellungnahme des Bundesrats jedenfalls im Laufe der dem Zeitpunkt der Einbringung beim Bundestag folgenden sechs Wochen vorliegen kann und dazu noch durch die BT-GeschO gewährleistet ist, daß die zweite Beratung im Plenum des Bundestags erst nach Vorliegen der Stellungnahme des Bundesrats, spätestens aber nach Ablauf der Sechs-Wochen-Frist erfolgen darf. Die Verspätung von sechs Wochen wird zudem noch relativiert durch die übliche Beratungszeit der Haushaltsvorlage im Haushaltsausschuß. Diese auf den ersten Blick einleuchtenden Bedenken gegen eine Überbetonung der Diskrepanz zwischen Art. 76 Abs. 2 GG und Art. 110 Abs. 3 GG vermögen aber im Ergebnis nicht zu überzeugen. Die „allgemeine" Aussprache könnte nämlich beim Fehlen eines Bepackungsverbots eine durchaus andere Bedeutung bekommen und gerade die Vorschriften, die sich nicht auf die Einnahmen und Ausgaben beziehen, könnten zum Beratungsgegenstand gemacht werden. Diese Erwägung beruht auf der realistischen Annahme, daß die Abgeordneten in dem Bewußtsein, die haushaltsspezifischen Probleme ruhig dem Haushaltsausschuß belassen zu können, ihre Zuflucht in den anderen Vorschriften des Haushaltsgesetzes suchen würden. Argumente und Gegenargumente könnten die Positionen hinsichtlich der bepackten Vorschriften schon in der ersten Beratung derart verhärten, daß der späteren Stellungnahme des Bundesrats auch faktisch kein Gewicht mehr zukommt. Gerade bei den bepackten Vorschriften wäre daher die Diskrepanz zwischen Art. 76 Abs. 2 GG und Art. 110 Abs. 3 GG auch faktisch von Bedeutung. Bezüglich dieser Bestimmungen wäre also das Recht des ersten Votums durch Art. 110 Abs. 3 GG nicht gleichwertig ausgeglichen. Es liegt im Interesse einer sachgerechten Gesetzgebung, die Stellungnahme des Bundesrats, abgesichert durch das Fachwissen der Ministerialbürokratie der Länder, in einem möglichst frühen Stadium in die Beratung des Bundestags einzuführen. Das Bepackungsverbot verhindert daher, daß das Recht des ersten Votums des Bundesrats dem Belieben der Bundesregierung unterliegt. Im übrigen ist es für die Analyse der „horizontalen" Schutzrichtung unerheblich, daß Art. 110 Abs. 3 GG erst durch die Haushaltsreform von 1969 in das GG eingeführt worden ist. Die Verfassung ist zu interpretieren, wie sie ist, nicht wie sie einmal gewesen ist.

C. Das Haushaltsgesetz als Zustimmungsgesetz

Die Bepackung des Haushaltsgesetzes mit zustimmungspflichtigen Vorschriften birgt eine Reihe von Unsicherheiten, die daraus resultieren, daß auch heute noch nicht abschließend geklärt ist, wann eine zustimmungspflichtige Vorschrift vorliegt. Bekanntlich ist zwischen Bundesregierung, Bundestag und Bundesrat seit langem streitig, ob Änderungsgesetze ohne Rücksicht auf ihren normativen Gehalt allein deswegen der Zustimmung des Bundesrates bedürfen, weil sie ein mit Zustimmung des Bundesrates erlassenes Gesetz förmlich ändern. Das BVerfG hatte diese Frage zunächst noch offen gelassen[19]. In einem jetzt ergangenen Beschluß hat es mit fünf gegen drei Stimmen entschieden, daß nicht jedes Gesetz, das ein mit Zustimmung des Bundesrates ergangenes Gesetz ändert, allein aus diesem Grunde zustimmungsbedürftig sei[20]. Es erscheint aber zweifelhaft, ob mit dieser Ent-

---

[19] BVerfGE 24, 184 (198).
[20] BVerfG, Beschl. v. 25. 6. 1974, NJW 1974, S. 1751 ff. In diesem von einigen von der CDU/CSU regierten Ländern initiierten Normenkontrollverfahren ging es um die Frage, ob das Vierte Rentenversicherungs-Änderungsgesetz (4. RVÄndG) vom 30. 3. 1973 (BGBl. I, 257) der Zustimmung des Bundesrats bedurft hätte, da es Vorschriften des mit Zustimmung des Bundesrats erlassenen Rentenreformgesetzes (RRG) vom 16. 10. 1972 (BGBl. I, 1965) förmlich geändert hatte. Dazu Konow, Zustimmungsbedürftigkeit von Ände-

§ 14 Die „horizontale" Schutzrichtung des Bepackungsverbots

scheidung die für die Praxis erhoffte Klärung der Streitfrage nun endgültig erfolgt ist. Enthält nämlich ein Zustimmungsgesetz sowohl materiell-rechtliche Regelungen als auch Vorschriften für das Verwaltungsverfahren der Landesverwaltung gemäß Art. 84 Abs. 1 GG, so ist ein dieses Gesetz änderndes Gesetz nach Auffassung des BVerfG zustimmungsbedürftig, wenn durch die Änderung materiell-rechtlicher Normen die nicht ausdrücklich geänderten Vorschriften über das Verwaltungsverfahren bei sinnorientierter Auslegung ihrerseits eine wesentlich andere Bedeutung und Tragweite erfahren. Wann aber eine „wesentlich andere Bedeutung und Tragweite" vorliegt, bleibt damit dem Einzelfall überlassen, für dessen Beurteilung das BVerfG nur gewisse Grundlinien — wie etwa das Regel-Ausnahme-Verhältnis für das Verhältnis von Einspruchs- zu Zustimmungsgesetzen — gegeben hat. Bei Verweigerung der Zustimmung durch den Bundesrat wäre daher auch jetzt noch nur ein unbepacktes Haushaltsgesetz nicht mit dem Risiko behaftet, ein nicht nach den Vorschriften dieses Grundgesetzes zustande gekommenes Gesetz darzustellen.

Die „horizontale" Schutzrichtung des Bepackungsverbots gewinnt heute letztlich auch noch einen verfassungsrechtlichen Sinn dadurch, daß die Bepackung des Haushaltsgesetzes mit einer zustimmungspflichtigen Vorschrift den Bundesrat dazu nötigen kann, die Zustimmung nicht mehr zu verweigern. Angesichts der Bedeutung des Haushalts für die gesamte Staatstätigkeit kann es sich der Bundesrat im Grunde nicht leisten, durch sein Votum eine geordnete Verwaltung der Finanzen des Bundes zu verhindern. Diese Zwangslage des Bundesrats wird noch verstärkt, wenn, anders als zum gegenwärtigen Zeitpunkt, die Mehrheiten im Bundesrat und im Bundestag auch parteipolitisch harmonieren. Bei einem mit einer zustimmungspflichtigen Vorschrift bepackten Haushaltsgesetz erscheint es dann so gut wie ausgeschlossen, daß der Bundesrat bei dieser Konstellation zur Wahrung der Länderinteressen die Zustimmung zum Haushaltsgesetz verweigern würde.

D. Ergebnis

Für das Verhältnis des Bundesrats zum Haushaltsgesetz ist festzuhalten, daß das Bepackungsverbot hier noch einen verfassungsrechtlichen Sinn hat. Die Überlegungen, die Heckel zur Bedeutung des Bepackungsverbots in der Weimarer Reichsverfassung angestellt hatte[21], gelten in ähnlicher Form auch für das GG. Soweit Heckel allerdings

---

rungsgesetzen?, ZRP 1973, S. 158 ff.; *Weides*, Mitwirkung des Bundesrats bei der Änderung eines zustimmungspflichtigen Bundesgesetzes, JuS 1973, S. 337 ff.

[21] Vgl. oben § 9 C.

im Haushaltsgesetzgebungsverfahren lediglich eine faktische Rechtsverkürzung des Reichsrats behauptete, ist festzustellen, daß der Bundesrat nach dem GG hierbei sogar positiv-rechtlich weniger Rechte hat. Ein Vergleich mit der Weimarer Reichsverfassung führt daher zu dem Ergebnis, das Schutzbedürfnis des Bundesrats gegenüber dem des Reichsrats als noch ausgeprägter zu bezeichnen. Das geschilderte Schutzbedürfnis des Bundesrats muß bei der Definition einer sich auf Einnahmen und Ausgaben des Bundes beziehenden Vorschrift berücksichtigt werden.

§ 15 Von der Uminstrumentalisierung zur Begriffsbestimmung

A. Verfassungsrechtlicher Sinn als Normhypothese

Die Auslotung der verfassungsgeschichtlichen Schutzrichtungen des Bepackungsverbots hat dazu geführt, diese Haushaltsmaxime im Rahmen der „vertikalen" Schutzrichtung als uminstrumentalisierte Schutzbestimmung für den Bundestag zu bezeichnen, die wegen dessen Organsouveränität für ihn heute keinen verfassungsrechtlichen Sinn mehr hat[1]. Dieses Ergebnis und das festgestellte Schutzbedürfnis des Bundesrats sollen für die Begriffsbestimmung des Bepackungsverbots fruchtbar gemacht werden. Ziel einer jeden Interpretation ist „das Verstehen des Textes, das Erfassen seiner geistigen Bedeutung, seines Sinnes"[2]. Das teleologische Element muß dabei möglichst seines subjektiven Charakters entkleidet werden, damit die Interpretation nicht dem Vorwurf bloßer Ergebnisbeurteilung ausgesetzt ist[3]. Den Sinn einer Norm aber für unbeachtlich zu halten, hieße unter Umständen die sinnlose Norm als Ausdruck des gesetzgeberischen Willens für möglich anzusehen. Die akzeptierte Sinnlosigkeit einer Norm entspricht nicht dem Grundansatz in der folgenden Auslegung des Bepackungsverbots.

B. Aktualisierter Definitionsversuch des Bepackungsverbots

Die Begriffsbestimmung des zeitlichen Bepackungsverbots ist von rechtlichen Zweifelsfragen weitgehend frei. Da das Haushaltsgesetz

---

[1] Vgl. oben § 13 D.
[2] *Coing*, Die juristischen Auslegungsmethoden und die Lehren der allgemeinen Hermeneutik, S. 13.
[3] *Kriele*, Theorie der Rechtsgewinnung, S. 175. Kriele selbst will die Praxis der richterlichen Rechtserkenntnis zum Maßstab der wissenschaftlichen Interpretationstheorie erheben, wobei ihm der Vorwurf gemacht worden ist, daß diese pragmatische Interpretationstheorie letztlich das rechtfertige, was eben diese Praxis tue, so *Wimmer*, Materiales Verfassungsverständnis, S. 64 ff. Eine Theorie, die zur Rechtfertigung dieser Praxis führen kann, muß deshalb aber noch nicht per se falsch sein.

§ 15 Von der Uminstrumentalisierung zur Begriffsbestimmung

ein Zeitgesetz ist, sollen darin nur Vorschriften aufgenommen werden, die sich auf den Zeitraum beziehen, für den das Haushaltsgesetz beschlossen worden ist. Den bepackten Vorschriften darf also, außer in den Fällen des Art. 110 Abs. 4 S. 2 GG, keine über diesen Zeitraum hinausgehende Geltungskraft zugemessen werden. Gemäß Art. 110 Abs. 4 S. 2 GG kann das Haushaltsgesetz (und erst recht die BHO)[4] lediglich vorschreiben, daß die haushaltsgesetzlichen Vorschriften erst mit Verkündung des nächsten Haushaltsgesetzes oder, soweit sie Ermächtigungen nach Art. 115 GG betreffen, erst zu einem späteren Zeitpunkt außer Kraft treten.

Das Haushaltsgesetz darf daher grundsätzlich weder rückwirkende noch über den beschlossenen Zeitraum fortwirkende Bestimmungen enthalten. Der Klarstellung bedarf nur, ob die mit dem zeitlichen Bepackungsverbot angeschnittene Rückwirkungsproblematik Differenzierungen zuläßt, wie sie im Rahmen der allgemeinen Rückwirkungslehre getroffen werden. Den Angelpunkt der herrschenden allgemeinen Rückwirkungslehre[5] bildet die Unterscheidung zwischen der echten („retroaktiven") und der unechten („retrospektiven") Rückwirkung. Ein Fall retroaktiver Rückwirkung liegt nach dieser Lehre dann vor, wenn ein Gesetz nachträglich ändernd in schon abgewickelte, der Vergangenheit angehörende Tatbestände eingreift und die an diese Tatbestände geknüpften Rechtsfolgen ändert. Dagegen handele es sich um bloße retrospektive Rückwirkung, wenn das Gesetz zwar nicht auf vergangene, aber auch nicht nur auf zukünftige, sondern auf gegenwärtige, noch nicht abgeschlossene Sachverhalte und Rechtsbeziehungen für die Zukunft einwirkt und damit zugleich die betroffene Rechtsposition nachträglich im ganzen entwertet. Die Bewertung der Zulässigkeit der Rückwirkung basiert auf dieser Unterscheidung. Für beide Fallgruppen sollen unterschiedliche Regel-Ausnahme-Verhältnisse gelten: retroaktive Rückwirkung sei bei belastenden Gesetzen in der Regel unzulässig, retrospektive Rückwirkung dagegen in der Regel zulässig.

Auch das zeitliche Bepackungsverbot könnte einer Differenzierung analog der allgemeinen Rückwirkungslehre zugänglich sein, mit der Folge, daß eine retrospektive Rückwirkung in der Regel zulässig wäre. Der Wortlaut des Art. 110 Abs. 4 S. 1 GG ist aber eindeutig. Nach ihm

---

[4] *Piduch*, Bundeshaushaltsrecht, Art. 110 Rdn. 85.
[5] St. Rspr. des *BVerfG*, vgl. etwa BVerfGE 11, 139 ff. (145 f.); 14, 288 ff. (297); 18, 135 ff. (142 f.); 22, 241 ff. (248); 23, 12 ff. (32); 24, 220 ff. (229); 25, 142 ff. (154); 27, 231 ff. (238); 30, 367 ff. (385 f.); 31, 222 ff. (225).
Zur Kritik der herrschenden Rückwirkungslehre, vgl. etwa *Friauf*, Gesetzesankündigungen und rückwirkende Gesetzgebung im Steuer- und Wirtschaftsrecht, BB 1972, 669 ff. (674 ff.); *Seuffert*, Die Rückwirkung von Steuergesetzen nach Verfassungsrecht, BB 1972, 1065 ff. jeweils m. w. Nachw.

sind beide Fallgruppen der Rückwirkung untersagt. Würde man das zeitliche Bepackungsverbot über den Rahmen des Art. 110 Abs. 4 S. 2 GG weiter aufweichen, so wäre der Zeitgesetzcharakter des Haushaltsgesetzes nicht mehr gewährleistet. Es kommt hinzu, daß der Grundsatz der Vorherigkeit des Haushaltsgesetzes nach Art. 110 Abs. 2 S. 1 GG prinzipiell auf ein Rückwirkungsverbot hinausläuft[6]. Die mit dem zeitlichen Bepackungsverbot verbundene Begriffsklarheit sollte man daher nicht durch neue Differenzierungen in Frage stellen.

Demgegenüber ist das sachliche Bepackungsverbot von weitaus geringerer begrifflicher Schärfe. Die Merkmale einer Vorschrift, die sich nicht auf Eingaben oder Ausgaben des Bundes bezieht, sind weitgehend unklar. So bezeichnet man zwar die Begrenzung durch das Bepackungsverbot als „sehr weit gezogen und sehr elastisch", hält aber dennoch Vorschriften über Unfallfürsorge für Beamte oder über Stipendiengewährung an Studenten als im Haushaltsgesetz nicht gestattet, um an gleicher Stelle festzustellen, daß auch hierfür ein gewisser Zusammenhang mit Ausgaben herzustellen sei[7].

Um die begriffliche Unsicherheit abzuschwächen, gibt man in der Regel dem sachlichen Bepackungsverbot die Bedeutung, daß „finanzwirksame" Vorschriften durch diese Haushaltsmaxime nicht ausgeschlossen sein sollen. Dabei werden an die Voraussetzungen einer „finanzwirksamen" Vorschrift sowohl objektive, als auch subjektive Kriterien angelegt. So verlangt Bauer für eine derartige Vorschrift, daß die „Beziehung zu den Einnahmen oder Ausgaben Hauptzweck ihrer Formulierung und ihr Inhalt ohne Bedeutung für das nicht finanzielle materielle Recht" sei[8]. Das Abstellen auf subjektive Kriterien erscheint aber denkbar ungeeignet[9], da das Erforschen gesetzgeberischer Motive mit einer Vielzahl von Unsicherheiten belastet ist und die Abgrenzung des Hauptzwecks vom Nebenzweck einer Formulierung interpretatorischer Willkür zugänglich ist. Sinnvoll können hier nur objektive Maßstäbe sein, die sich, idealtypisch gesehen, gewissermaßen mit der Rechenmaschine überprüfen lassen. Die Verwendung des Begriffs „finanzwirksam" wird daher auch überwiegend lediglich objektiv ver-

---

[6] *Kloepfer*, Vorwirkung von Gesetzen, S. 129.
[7] *Maunz / Dürig / Herzog*, Art. 110 Rdn. 27.
[8] *Bauer*, Bepackte Haushaltsgesetze, S. 136. An anderer Stelle, S. 117, spricht Bauer noch allgemein von „spezifisch finanzrechtlichen Vorschriften".
[9] Bekanntlich ist die subjektive Auslegungstheorie in ihrer ursprünglichen Form, wonach der Wille des Gesetzgebers für die Auslegung des Gesetzestexts maßgebend sein soll, seit Heck ad absurdum geführt. Die Subjektivisten sprechen daher heute auch nur noch vom „normativen" Willen, der u. a. mittels einer Präsumtion des vernünftigen Gesetzgebers ermittelt werden soll, vgl. *Kriele*, S. 174.

standen[10]. Die Problematik der Definition des sachlichen Bepackungsverbots wird damit aber nur auf einen anderen unscharfen Begriff verlagert, der seinerseits seine Merkmale erst dadurch erhält, daß Finanzwirksamkeit bei Auswirkungen auf Einnahmen und Ausgaben des Bundes vorliegen soll. Damit gerät dieser Definitionsversuch des sachlichen Bepackungsverbots in die Nähe einer wenig überzeugenden Tautologie. Tautologische Umschreibungen mag man hinnehmen, wenn man sich lediglich die geringe Bedeutung des Bepackungsverbots innerhalb der „vertikalen" Schutzrichtung vor Augen hält. Das verbleibende Schutzbedürfnis des Bundesrats verlangt hier aber doch eine schärfere begriffliche Klärung. Definitionsversuche des sachlichen Bepackungsverbots müssen sich dieses verfassungsrechtlichen Tatbestandes bewußt bleiben, so daß zu fordern ist, die Definition in Funktion zum verbleibenden Schutzbedürfnis des Bundesrats zu setzen. Eine derartige Anpassung scheitert nicht an der Formulierung des Art. 110 Abs. 4 S. 1 GG.

Der Wortlaut des sachlichen Bepackungsverbots läßt sich nämlich ohne Schwierigkeiten funktional der „horizontalen" Schutzrichtung jener Haushaltsmaxime zuorten. Dabei genügt es, das Augenmerk nicht zu sehr auf die „Einnahmen" oder „Ausgaben" zu richten, sondern vielmehr die Betonung auf den Satzbestandteil „des Bundes" zu legen. Liest man das sachliche Bepackungsverbot des Art. 110 Abs. 4 S. 1 GG mit der vorgeschlagenen Betonung, so folgt daraus, daß die bepackten Vorschriften sich *nur* auf die Einnahmen oder Ausgaben des Bundes beziehen dürfen, nicht aber auf Einnahmen oder Ausgaben der Länder. Es ist zwar richtig, daß im GG die Verteilung der Steuern oder die Ausgabentragung von Bund und Ländern verschiedentlich in Mischformen geregelt worden sind, die Länderinteressen werden dann aber regelmäßig durch das Erfordernis der Zustimmung des Bundesrats abgesichert[11]. So läßt sich aus der Verfassung die Wertung ableiten, daß ein Bundesgesetz, das sich auf Einnahmen oder Ausgaben der Länder bezieht, ein Zustimmungsgesetz ist. Für die Begriffsbestimmung des sachlichen Bepackungsverbots folgt dann aber aus diesem Grundsatz, daß in das Haushaltsgesetz keine zustimmungspflichtigen Vorschriften aufgenommen werden dürfen, da sich diese, entgegen der sich aus dem Wortlaut des Art. 110 Abs. 4 S. 1 GG hier vorgeschlagenen Auslegung, doch auf die Einnahmen oder Ausgaben der *Länder* beziehen würden. Daneben gibt es zwar noch andere Zustimmungsgesetze, die sich nicht

---

[10] *Piduch*, Bundeshaushaltsrecht, Art. 110 Rdn. 82; *Giesen / Fricke*, Das Haushaltsrecht des Landes Nordrhein-Westfalen, Art. 81 Anm. 38.
[11] Erwähnt seien hier die Zustimmungsvorbehalte zugunsten des Bundesrats in Art. 104 a Abs. 3 S. 2, 105 Abs. 3, 106 Abs. 3 S. 3, 106 Abs. 4 S. 2, 106 Abs. 5 S. 2, 106 Abs. 6 S. 5, 107 Abs. 1 S. 2, 108 Abs. 4 S. 1 GG.

auf Einnahmen oder Ausgaben beziehen[12]. Diese wären aber nicht finanzwirksam und daher schon nach allgemeiner Auffassung als Bestandteil des Haushaltsgesetzes unzulässig.

Mit der hier vorgeschlagenen Definition des sachlichen Bepackungsverbots wird angeknüpft an die entwicklungsgeschichtliche Wurzel des Bepackungsverbots im modernen Sinne, so wie es von Laband erstmals für die Preußische Verfassung von 1850 begründet worden ist[13]. Auch die damalige Argumentation beruhte auf Besonderheiten des Haushaltsgesetzgebungsverfahrens in einem Zweikammer-System. Dieser Gedanke ist auch für das GG noch aktuell und in modifizierter Form die Basis einer neuen Begriffsbestimmung des Bepackungsverbots.

C. Ergebnis

Unterstellt man also als Normhypothese für jede verfassungsrechtliche Norm, daß ihr auch ein „Sinn" zukommt, so läßt sich das sachliche Bepackungsverbot ohne Begriffsverrenkungen heute als Verbot der Bepackung des Haushaltsgesetzes mit zustimmungspflichtigen Vorschriften definieren. Die Umwandlung des Haushaltsgesetzes vom Einspruchsgesetz in ein Zustimmungsgesetz ist damit nicht nur unzweckmäßig[14], sondern auch verfassungsrechtlich unzulässig. Daneben verlangt das sachliche Bepackungsverbot, daß die bepackte Vorschrift „finanzwirksam" ist, wobei dieses Erfordernis im Sinne der allgemeinen Auffassung mit Großzügigkeit behandelt werden kann. Als wirksame Begrenzung der Bepackung des Haushaltsgesetzes mit anderen Vorschriften erweist sich daher heute nur noch das Verbot der Umwandlung des Haushaltsgesetzes in ein Zustimmungsgesetz. Dieses Ergebnis ist die konsequente Ausformung der geschilderten historischen Entwicklung der dem Bepackungsverbot zugeordneten Schutzrichtungen.

Dabei soll an dieser Stelle offen gelassen werden, wann eine zustimmungspflichtige Vorschrift vorliegt. Insbesondere das Problem der Änderungsgesetze bedürfte einer eingehenderen Untersuchung[15]. Gerade dieser zuletzt genannte Problemkreis wird für das Haushaltsgesetz besonders relevant, da es sich bei den bepackten Vorschriften in der

---

[12] Aus dem bei *Maunz / Dürig / Herzog*, Art. 50 Rdn. 15 aufgeführten Katalog der Zustimmungsgesetze seien hier insbesondere die verfassungsändernden Gesetze sowie die Gesetze, in denen die Bundeswehrverwaltung zu Eingriffen in die Rechte Dritter ermächtigt wird, Art. 87 b Abs. 1 S. 4 GG, erwähnt.
[13] Vgl. oben § 3 B.
[14] *Piduch*, Bundeshaushaltsrecht, Art. 110 Rdn. 82.
[15] Zum Streitstand vgl. oben § 14 C.

§ 15 Von der Uminstrumentalisierung zur Begriffsbestimmung

Regel immer um Änderungen von Sachgesetzen handeln wird. Diese Zweifelsfragen sind aber nicht Folge der hier vertretenen Auslegung des sachlichen Bepackungsverbots und lassen sich daher nicht als Argumente gegen die Richtigkeit dieser Auslegung verwenden.

Es sei noch angemerkt, daß die „neue" Begriffsbestimmung des sachlichen Bepackungsverbots für die Länderverfassungen ohne Auswirkungen ist. Soweit die Länderverfassungen ein Bepackungsverbot überhaupt enthalten[16], ist dessen verfassungsrechtliche Bedeutung daher als gering einzuschätzen. Der noch aufzuzeigende Bezug dieser Haushaltsmaxime zu anderen Haushaltsgrundsätzen beläßt ihr aber auch in den Länderverfassungen noch eine gewisse Relevanz. Ob es dazu allerdings einer positiv-rechtlichen Normierung bedurfte, soll hier offen bleiben.

---

[16] Vgl. dazu oben § 11 A.

Sechster Teil

Aktuelle Relevanz des Bepackungsverbots

§ 16 Haushaltsgesetze in der Praxis und Bepackungsverbot

Wenn die verbleibende Relevanz einer verfassungsrechtlichen Haushaltsmaxime erörtert werden soll, so bedarf es der Untersuchung, wie dieser Grundsatz sich bisher in der parlamentarischen Praxis ausgewirkt hat. Die Realisierung verfassungsrechtlicher Budgetprinzipien ist bisher nur vereinzelt untersucht worden, wobei die Ausführungen zum Bepackungsverbot zumeist nur einen geringen Raum einnahmen[1]. Der folgende Überblick soll diese Lücke schließen.

A. Die Haushaltsgesetze des Bundes und das sachliche Bepackungsverbot

Die Bundeshaushaltsgesetze haben sich noch nie mit der bloßen Feststellung der Einnahmen und Ausgaben begnügt, sondern daneben noch eine Vielzahl anderer Vorschriften zum Inhalt gehabt[2]. Insbesondere die zeitweilige Außerkraftsetzung oder die Änderung von Sachgesetzen durch das Haushaltsgesetz entspricht parlamentarischer Übung. So wurde etwa der § 75 S. 1 RHO durch die Haushaltsgesetze kontinuierlich suspendiert oder geändert[3], die Antragsfrist für einen

---

[1] Vgl. die Untersuchungen von *Neumark*, Theorie und Praxis der Budgetgestaltung, in Handbuch der Finanzwissenschaft, 1. Bd., S. 572 ff.; *Schleehauf*, Zur Realisierung der verfassungsrechtlichen Budgetprinzipien, in Finanzarchiv N. F. 25. Bd., S. 247 ff.; *Wobser*, Die tragenden Haushaltsprinzipien und ihre Durchführung im Bundeshaushalt, in DÖH 1955, S. 137 ff.

[2] Als Beispiel sei hier das Haushaltsgesetz 1973 v. 6. Juli 1973 (BGBl. I S. 733) erwähnt: so enthält dessen § 4 eine Ermächtigung für den Bundesminister der Finanzen im Einvernehmen mit dem Bundesminister für Verkehr Gesellschaften des privaten Rechts vertraglich mit der Finanzierung des Baues von Bundesfernstraßen zu beauftragen; in §§ 9 - 14 des Haushaltsgesetzes 1973 werden dem Bundesminister der Finanzen Ermächtigungen zur Übernahme von Bürgschaften, Garantien oder sonstigen Gewährleistungen zur Förderung verschiedener Wirtschaftsbereiche gegeben; §§ 15 - 18 geben nähere Bestimmungen für die Verwendung von Planstellen; § 20 ermächtigt den Bundesminister der Finanzen, der Saarbergwerke AG eine Schuldbuchforderung einzuräumen; §§ 22, 23 enthalten Abweichungen von Sachgesetzen.

[3] Vgl. etwa § 6 des Haushaltsgesetzes 1958 v. 24. Juli 1958 (BGBl. II S. 234); § 5 Abs. 2 des Haushaltsgesetzes 1962 v. 23. Mai 1962 (BGBl. II S. 469); § 5

§ 16 Haushaltsgesetze in der Praxis und Bepackungsverbot 77

Zuschuß nach § 18 a des Gesetzes zur Regelung der Rechtsverhältnisse der unter Artikel 131 des Grundgesetzes fallenden Personen in der Fassung vom 11. September 1957 (BGBl. I S. 1296) verlängert[4], sowie die Bestimmung des § 205 d RVO, wonach der Bund für jeden Fall der früheren Familienwochenhilfe an die Krankenkassen einen Zuschuß von 50 DM zahlen mußte, durch das Haushaltsgesetz für unanwendbar erklärt[5]. Daneben enthalten die Haushaltsgesetze die Außerkraftsetzung des § 19 Abs. 2 S. 2 des Zweiten Wohnungsbaugesetzes in der Fassung vom 1. August 1961 (BGBl. I S. 1121)[6]. Nach dieser Vorschrift soll der Bundesminister für Wohnungswesen, Städtebau und Raumordnung die Verteilung des Betrages, mit dem sich der Bund an der Finanzierung des von den Ländern mit öffentlichen Mitteln geförderten sozialen Wohnungsbaues beteiligt, bis zum 1. Dezember des dem Rechnungsjahr vorangehenden Jahres vornehmen. Da aber der Haushaltsplan erst im laufenden Rechnungsjahr vorgelegt werden konnte, mußte dieser Termin durch das Haushaltsgesetz aufgehoben werden.

Ein besonders ergiebiges Beispiel eines bepackten Haushaltsgesetzes stellt das Haushaltsgesetz 1967 dar. Den §§ 1314 RVO, 93 AVG und 104 Reichsknappschaftsgesetz wurde durch das Haushaltsgesetz ein jeweils inhaltsgleicher Absatz 4 angefügt, der § 138 des Bundessozialhilfegesetzes (BSHG) vom 30. Juni 1961 (BGBl. I S. 815) und der § 14 a des Bundeskindergeldgesetzes vom 14. April 1964 (BGBl. I S. 265) in der Fassung des Ersten Gesetzes zur Überleitung der Haushaltswirtschaft des Bundes in eine mehrjährige Finanzplanung (Finanzplanungsgesetz) vom 23. Dezember 1966 (BGBl. I S. 697) für unanwendbar erklärt[7]. Das Haushaltsgesetz 1967 wurde übrigens als einfaches Einspruchsgesetz erlassen, obwohl es durch die Außerkraftsetzung des § 138 BSHG in den Regelungsbereich des mit Zustimmung des Bundesrats verabschiedeten Bundessozialhilfegesetzes eingriff[8]. Würde man

---

Abs. 3 des Haushaltsgesetzes 1969 v. 18. April 1969 (BGBl. I S. 793). Dieser schon in der Weimarer Republik kritisierte Brauch, vgl. oben § 8 B, wurde trotz der mahnenden Worte von *Vialon*, Haushaltsrecht, § 1 Anm. 9, beibehalten.

[4] Vgl. § 13 des Haushaltsgesetzes 1958 v. 24. Juli 1958 (BGBl. II S. 234); § 13 des Haushaltsgesetzes 1960 v. 2. Juni 1960 (BGBl. II S. 1545).

[5] Vgl. § 10 des Haushaltsgesetzes 1963 v. 24. Juni 1963 (BGBl. II S. 747); § 10 des Haushaltsgesetzes 1965 v. 18. März 1965 (BGBl. II S. 193).

[6] Vgl. § 8 Abs. 2 des Haushaltsgesetzes 1963 v. 24. Juni 1963 (BGBl. II S. 747); § 8 Abs. 5 des Haushaltsgesetzes 1964 v. 13. Mai 1964 (BGBl. II S. 477); § 9 Abs. 4 des Haushaltsgesetzes 1965 v. 18. März 1965 (BGBl. II S. 193) und passim.

[7] Vgl. §§ 30 - 32 des Haushaltsgesetzes v. 4. Juli 1967 (BGBl. II S. 1961).

[8] Bekanntlich lautet bei Zustimmungsgesetzen die Eingangsformel: „Der Bundestag hat mit Zustimmung des Bundesrates das folgende Gesetz beschlossen." Eine derartige Eingangsformel enthält das BSHG. Das Haus-

daher diesen Umstand allein genügen lassen, um eine zustimmungspflichtige Vorschrift anzunehmen[9], so müßte man in dieser Bepackung nach der hier vertretenen Auslegung des Bepackungsverbots einen Verstoß gegen Art. 110 Abs. 4 S. 1 GG sehen.

Ansonsten kann man aber der Behauptung von Schleehauf zustimmen, wonach seit 1950 das sachliche Bepackungsverbot „streng eingehalten" worden sei[10]. Wie streng der Bundesgesetzgeber um die Einhaltung des sachlichen Bepackungsverbots bemüht gewesen ist, zeigen auch das Haushaltssicherungsgesetz v. 20. Dezember 1965 (BGBl. I S. 2065) und das Finanzplanungsgesetz v. 23. Dezember 1966 (BGBl. I S. 697). Wenn der Bundestag das Haushaltssicherungsgesetz nach dessen Präambel „in Erkenntnis der Notwendigkeit, die Finanzlage des Bundes im Rahmen einer mehrjährigen Dringlichkeitsordnung mit dem Ziel zu festigen, den Spielraum für eine aktive Konjunkturpolitik über einen ausgeglichenen Haushalt des Bundes zu gewährleisten und damit eine wesentliche Voraussetzung für die Stabilerhaltung von Währung und Kaufsraft bei Aufrechterhaltung optimaler Vollbeschäftigung sicherzustellen" beschlossen hat, so hätte der Abbau finanzieller Belastungen auch durch ein rechtzeitig verabschiedetes Haushaltsgesetz erfolgen können. Das Ausweichen in ein Sondergesetz entspricht der allgemeinen Tendenz, das Haushaltsgesetz möglichst von Sachgesetzen freizuhalten.

B. Die Haushaltsgesetze des Bundes und das zeitliche Bepackungsverbot

Das zeitliche Bepackungsverbot wurde dagegen vom Gesetzgeber nicht immer eingehalten, insbesondere die Handhabung von Kreditermächtigungen gibt Anlaß zu Kritik. So lag eine rückwirkende Überschreitung eines Rechnungsjahres vor, als in das Haushaltsgesetz 1952 Kreditermächtigungen zur Deckung von Ausgaben des außerordentlichen Haushalts für das vorhergehende Rechnungsjahr, also für 1951, eingesetzt worden sind[11]. Derartige rückwirkende Überschreitungen des Rechnungsjahrs verklausulierte man später, indem man die Wirksamkeit der dem Bundesminister der Finanzen im vorhergehenden Rechnungsjahr erteilten Ermächtigung zur Beschaffung von Geldmit-

---

haltsgesetz 1967 enthält dagegen nur die für Einspruchsgesetze typische Schlußformel: „Die verfassungsmäßigen Rechte des Bundesrates sind gewahrt." Zur Gesetzespraxis vgl. *Maunz / Dürig / Herzog*, Art. 77 Rdn. 6.

[9] Zum Streitstand vgl. oben § 14 C.

[10] *Schleehauf*, S. 257.

[11] Vgl. § 6 Abs. 1 des Haushaltsgesetzes 1952 vom 25. Juni 1952 (BGBl. II S. 605).

teln im Wege des Kredits zur Deckung von Ausgaben des außerordentlichen Haushalts auf das laufende Rechnungsjahr einfach ausdehnte[12]. Daneben enthalten die Haushaltsgesetze seit 1959 die vorgreifende Bestimmung, daß Kredit- und Bürgschaftsermächtigungen des laufenden Rechnungsjahres bis zur Verkündung des nächsten Haushaltsgesetzes gelten sollen[13]. Zwar läßt sich auch hierfür der Verstoß gegen das zeitliche Bepackungsverbot nicht leugnen, man hat aber dennoch die Zulässigkeit derartiger Vorschriften im Haushaltsgesetz „trotz erheblicher Bedenken einfach aus dem praktischen Bedürfnis heraus bejaht"[14]. Durch die Haushaltsreform 1969 wurde diese Praxis durch die Einschränkung des zeitlichen Bepackungsverbots in Art. 110 Abs. 4 S. 2 GG verfassungsrechtlich sanktioniert.

Unter Berücksichtigung der geschilderten Verstöße gegen das zeitliche Bepackungsverbot erscheint es nicht überspitzt, wenn man zu dem Ergebnis kommt, daß diese Haushaltsmaxime vom Gesetzgeber „schlecht eingehalten" worden sei[15]. Dabei ist zu bedenken, daß diese Verstöße dazu geführt haben, daß die Haushaltsgesetze seit 1959 nicht nach den Vorschriften des Grundgesetzes zustande gekommen sind, so daß man die Sanktionierung durch die Haushaltsreform 1969 nur begrüßen kann.

C. Ergebnis

Die Haushaltsgesetze des Bundes beschränken sich nicht auf die bloße Feststellung des Haushaltsplans. Es ist üblich, das Haushaltsgesetz mit anderen Vorschriften zu bepacken, die aber immer finanzwirksam sind. Eine ausufernde Bepackungspraxis läßt sich allerdings nicht feststellen. Lediglich das zeitliche Bepackungsverbot ist in der Praxis durch den Bundesgesetzgeber nicht immer eingehalten worden.

§ 17 Erleichterung von Haushaltsberatung und Entscheidung

A. Weitergeltung des Bedingungsverbots

Die Haushaltsberatung und die Entscheidung über das Haushaltsgesetz würden erleichtert werden, wenn das Bepackungsverbot im modernen Sinne auch ein Bedingungsverbot impliziert. Ein derartiges Be-

---

[12] Vgl. etwa § 20 Abs. 1 des Haushaltsgesetzes 1961 v. 10. April 1961 (BGBl. II S. 357).
[13] Vgl. etwa § 28 Abs. 1 des Haushaltsgesetzes 1960 v. 2. Juni 1960 (BGBl. II S. 1545); § 27 Abs. 1 des Haushaltsgesetzes 1961 v. 10. April 1961 (BGBl. II S. 357); § 30 Abs. 1 des Haushaltsgesetzes 1963 v. 24. Juni 1963 (BGBl. II S. 747).
[14] *Vialon*, Haushaltsrecht, Art. 110 Anm. 10.
[15] *Schleehauf*, S. 258.

dingungsverbot könnte sich aus der Entwicklungsgeschichte des Bepackungsverbots ergeben[1]. Ein weitergeltendes Bedingungsverbot hätte Auswirkungen auf viele Fragen der Verfassungspraxis. Bedingungen können ausdrücklich in das Haushaltsgesetz aufgenommen werden, es sind aber auch Fälle denkbar, wo die Bedingung lediglich „politisch" mit der Verabschiedung des Haushaltsgesetzes gekoppelt wird. Einige Beispiele sollen die Relevanz der hier angeschnittenen Frage verdeutlichen:

Ein weitergeltendes Bedingungsverbot hätte Auswirkungen auf eines der „heute wohl bedeutsamsten Probleme des parlamentarischen Budgetrechts"[2]. Es ist dies die Frage der Zulässigkeit der Mitwirkung parlamentarischer Ausschüsse am Haushaltsvollzug. Die Bundeshaushaltsgesetze geben vor allen Dingen dem Haushaltsausschuß des Bundestags verschiedenartige Kompetenzen, auf den Haushaltsvollzug einzuwirken. So werden wirtschaftlich bedeutsame Etatposten durch den Gesetzgeber nicht selten mit einem „qualifizierten Sperrvermerk" versehen, wonach die Mittel nur mit Zustimmung des Haushaltsausschusses verwendet werden dürfen. Goltz hat weitere Stufen der Mitwirkung des Haushaltsausschusses beim Haushaltsvollzug aufgeschlüsselt[3]. Diese Zustimmungsvorbehalte lassen sich rechtlich als aufschiebend bedingte Bewilligungen qualifizieren. Die noch herrschende Meinung[4] im Schrifttum hält diese Mitwirkungsbefugnisse des Parlaments beim Vollzug des Haushaltsplans für verfassungswidrig, weil damit unzulässigerweise in die Vollzugskompetenz der Exekutive eingegriffen werde. Dieser Eingriff in den Eigenbereich der Regierung verwische zudem Zuständigkeiten und Verantwortung. Das Bestehen eines Bedingungsverbots bei der Budgetbewilligung würde ebenfalls gegen die Zulässigkeit derartiger Mitwirkungsbefugnisse sprechen. Angesichts des engen Zusammenhangs zwischen der Lehre von der Gebundenheit des Parlaments bei der Budgetbewilligung[5] und damit zusammenhängendem

---

[1] Vgl. dazu oben § 3 A.

[2] *Piduch*, Bundeshaushaltsrecht, Art. 110 Rdn. 16.

[3] *Goltz*, Mitwirkung parlamentarischer Ausschüsse beim Haushaltsvollzug, DÖV 1965, S. 606.

[4] *Piduch*, Art. 110 Rdn. 16; *Hettlage*, Die Finanzverfassung im Rahmen der Staatsverfassung, VVDStRL Heft 14, S. 11 f.; *Goltz*, S. 612 ff.; *Bürgel*, Bundestag und Exekutivgewalt, DVBl. 1967, S. 874.
Friauf, Öffentlicher Haushalt und Wirtschaft, VVDStRL Heft 27, S. 35, zögert sich „dem Verdikt der Verfassungswidrigkeit anzuschließen". Demgegenüber halten *Frömel*, Der Haushaltsplan im Kräftefeld von Parlament und Regierung, DVBl. 1974, S. 69; *Kewenig*, Staatsrechtliche Probleme parlamentarischer Mitregierung am Beispiel der Arbeit der Bundestagsausschüsse, S. 39; *Hoffmann*, Haushaltsvollzug und Parlament, S. 30 ff., die Mitwirkung für verfassungsrechtlich zulässig.

[5] Vgl. dazu oben § 9 B.

§ 17 Erleichterung von Haushaltsberatung und Entscheidung   81

Bedingungsverbot muß es eigentlich überraschen, daß die Weitergeltung des Bedingungsverbots nicht auch bei der problematischen Mitwirkung des Parlaments beim Haushaltsvollzug erörtert wird.

Auch für den Fall der „politischen" Koppelung sind Beispiele denkbar. Der Bundestag könnte etwa die Etatverabschiedung davon abhängig machen, daß der Bundeskanzler einen unliebsamen Minister entläßt oder den Bundeskanzler so zur Stellung der Vertrauensfrage nach Art. 68 GG zwingen wollen. Die Suspendierung der Etatverabschiedung wäre auch als Druckmittel geeignet, um die nach Art. 113 GG notwendige Zustimmung der Bundesregierung zum Zustandekommen eines Gesetzes zu erzwingen.

Ein Beispiel aus der Verfassungsgeschichte mag hier der Illustration dienlich sein:

Im Jahre 1896 wollte der Reichstag auf Antrag des Abgeordneten Lieber die Hälfte der nach der Franckenstein'schen Klausel[6] den Einzelstaaten zustehenden Überweisungen aus Reichssteuern zur Schuldentilgung verwenden und bepackte daher den Haushaltsgesetzentwurf mit einer dementsprechenden Vorschrift. Als sich die Regierung diesem Bepackungsversuch widersetzte, trennte der Reichstag die lex Lieber zwar vom Haushaltsgesetzentwurf formell ab, machte nun aber Zustimmung zur Haushaltsvorlage und zu einem Anleihegesetz, dessen Erlaß in der Haushaltsvorlage schon vorausgesetzt worden war, von der Verabschiedung der lex Lieber abhängig. Diesem Druck des Reichstags mußte sich die Regierung schließlich beugen[7].

Bauer zieht aus diesem Konflikt die Folgerung, daß die Formulierung eines Bepackungsverbots hinsichtlich des Etatgesetzes nur dann einen Sinn hatte, wenn dieses nicht nur bezüglich des Inhalts des Etatgesetzes selbst galt, sondern auch für die Fälle „politischer Koppelung"[8].

---

[6] Nach der Reichsverfassung von 1871 hatten die Bundesstaaten Matrikularbeiträge an das Reich zu entrichten, da die Ausgaben des Reichs nicht durch die eigenen Einnahmen bestritten werden konnten. Dieses ursprünglich als Provisorium gedachte System wurde später noch durch ein Überweisungssystem des Reichs an die Länder ergänzt, als nämlich die Einnahmen des Reichs insbesonders durch die Schutzzölle sich erhöhten. Freiherr v. Franckenstein hatte für die Überweisungen des Reichs an die Länder eine Klausel vorgeschlagen, wonach derjenige Ertrag der Zölle und der Tabaksteuer, welcher die Summe von 130 000 000 Mark in einem Jahr überstieg, den einzelnen Bundesstaaten nach Maßgabe ihrer Bevölkerung, mit welcher sie zu den Matrikularbeiträgen herangezogen wurden, zu überweisen war. Diese Franckenstein'sche Klausel führte dann dazu, daß ein großer Teil der Schulden des Reichs aus den Überweisungen an die Länder entstand. Für die Länder kam dieses System einem Lotteriegewinn nahe, vgl. *Kichler*, Entwicklung und Wandlung des parlamentarischen Budgetbewilligungsrechts in Deutschland, S. 96 ff.

[7] Vgl. *Hatschek*, Deutsches und Preußisches Staatsrecht, S. 263.

[8] *Bauer*, Bepackte Haushaltsgesetze, S. 66.

Das Abstellen auf die Vergangenheit in den Ausführungen von Bauer läßt nicht erkennen, ob diese These auch in der Gegenwart Gültigkeit haben soll.

Ein weitergeltendes Bedingungsverbot würde für die aufgeworfenen Fragen, die mit den hier gegebenen Beispielen verbunden sind, klare Antworten ermöglichen. Dieses Verbot würde die Stellung der Regierung im Rahmen des Haushaltsrechts bedeutend verstärken, da das parlamentarische Budgetbewilligungsrecht dann zu einer weitgehend stumpfen Waffe degradiert worden wäre. Schon diese Grundüberlegung schließt es aus, dem Art. 110 Abs. 4 GG im Rahmen einer parlamentarischen Staatsverfassung noch die Bedeutung eines Bedingungsverbots zukommen zu lassen. Eine andere Auslegung des Bepackungsverbots könnte zudem den eindeutigen Wortlaut des Art. 110 Abs. 4 GG nicht hinweginterpretieren. Es kann nicht sinnvoll sein, dem Bepackungsverbot heute die gleiche parlamentsfeindliche Bedeutung zu geben, so wie es teilweise zur Reichsverfassung von 1871[9] geschehen ist. Das Bepackungsverbot des Art. 110 Abs. 4 GG verbietet daher Koppelungsversuche der erwähnten Art nicht. Dem entspricht ein erhebliches praktisches Bedürfnis, da andernfalls die Rechtmäßigkeit des Haushaltsgesetzes mit großen Unsicherheiten belastet wäre. Insbesondere „politische" Koppelungen würden sich nicht immer vor den Augen der Öffentlichkeit abspielen.

Mit dieser Feststellung ist nicht entschieden, inwieweit das Parlament bei der Budgetbewilligung zur Aufstellung von Bedingungen berechtigt ist. So sind Einschränkungen etwa durch Art. 65 GG denkbar. Das Budgetrecht des Parlaments könnte auch die Pflicht mitenthalten, in den vorgesehenen Zeiträumen ein Budget zu verabschieden. Diese Fragen können hier aber offen bleiben. Art. 110 Abs. 4 GG spielt dabei keine Rolle. Die Haushaltsberatung und Verabschiedung kann daher durch Aufstellen von Bedingungen erschwert werden. Eine Verfassung, die im Grundsatz auf den Kompromiß als Lösung politischer Konflikte angelegt ist, kann die politische Auseinandersetzung und deren Erscheinungsform Koppelung bei der Verabschiedung des Haushaltsgesetzes grundsätzlich aber auch nicht verbieten.

B. *Strukturierung von Beratung und Entscheidung*

Betrachtet man den Verlauf und die Ergebnisse der parlamentarischen Beratung des Haushaltsplans in der Praxis, so läßt sich eine unterschiedliche Gewichtung der Themenkreise während der einzelnen Verfahrensstadien feststellen. Während der ersten Lesung, die mit der

---

[9] Vgl. dazu oben § 3 E.

§ 17 Erleichterung von Haushaltsberatung und Entscheidung 83

Haushaltsrede des Bundesfinanzministers eingeleitet wird, findet nur eine allgemeine Aussprache über die Gesamthaushaltslage statt, an die sich die Überweisung der Gesetzesvorlage an den Haushaltsausschuß des Bundestages anschließt. Nach der im Haushaltsausschuß vorgenommenen Detailberatung beschäftigt sich dann das Plenum des Bundestages mit den Einzelplänen der verschiedenen Ressorts[10], wobei in der Regel die Ergebnisse der Beratungen im Haushaltsausschuß ohne Diskussion angenommen werden.

Wenn man den Versuch unternimmt, die thematischen Schwerpunkte der Haushaltsberatungen zahlenmäßig zu systematisieren, so sieht man sich natürlich den Bedenken ausgesetzt, daß es an eindeutigen inhaltlichen Kategorien fehlt, um die einzelnen Themen voneinander abzugrenzen. Aussagen darüber müssen daher notwendig „subjektiv" bleiben. Hirsch kommt zu dem Ergebnis, daß der Bundestag regelmäßig mehr als ein Drittel der für die Haushaltsberatung im Plenum insgesamt zur Verfügung stehenden Zeit politischen Themen allgemeiner Art widme, die in keinem oder zumindest nur in einem vagen Zusammenhang mit dem vorliegenden Haushaltsplanentwurf stünden. Etwa ein Viertel der Debatte widme das Plenum der Struktur des Gesamthaushalts und der Haushaltslage, ein knappes Drittel der Diskussion einzelner Ansätze[11]. Dieser festgelegten Aufteilung wird man im Grundsatz zustimmen können.

Das Ausweichen der Abgeordneten auf sachfremde Themen bei der Aussprache über die Haushaltsvorlage steht in direktem Zusammenhang mit der allgemein anerkannten Schwierigkeit für den einzelnen Abgeordneten, die Haushaltsvorlage aus eigenem Sachverstand zu durchleuchten[12]. Das Ausweichen auf haushaltsfremde Materien läßt sich so als Eingestehen der eigenen Unzulänglichkeit werten. Zugleich zeigt aber diese Praxis, wie groß für den einzelnen Abgeordneten die Verlockung ist, allgemeinere Themen in die Beratung einzuführen, um

---

[10] Die Gliederung der Einzelpläne des Haushaltsplans nach dem Ministerialprinzip ist auch durch die Haushaltsreform 1969 trotz der dagegen in der finanzwissenschaftlichen Literatur erhobenen Kritik nicht beseitigt worden. § 13 Abs. 2 S. 1 BHO bestätigt die institutionelle Gliederung der Einzelpläne, läßt aber auch eine Gliederung nach Sachgebieten (sog. Realprinzip) zu.

[11] *Hirsch*, Haushaltsplanung und Haushaltskontrolle in der Bundesrepublik Deutschland, S. 110. Die restliche Zeit falle demgegenüber nicht ins Gewicht, etwa für Verfahrensfragen.

[12] Berücksichtigt man den Umfang eines Bundeshaushaltsplans, der von 1971 betrug z. B. 3266 Seiten, so muß der einzelne Abgeordnete bei dessen Überprüfung überfordert sein. Daß damit der Grundsatz der Budgetpublizität über ein lehrbuchartiges Postulat nicht hinauskommt, ist dennoch zu bedauern. Zu den staatstheoretischen Prinzipien, die mit diesem Grundsatz verbunden werden, vgl. *Schmölders*, Die Grundsätze der Budgetpublizität, in: FinArchiv Bd. 18, S. 193 ff.

so den Schwierigkeiten des Haushaltswesens aus dem Wege zu gehen. Bestünde daher kein Bepackungsverbot, so wäre die inhaltliche Strukturierung der Haushaltsdebatte noch mehr gefährdet, da dann beliebige Themen in die Haushaltsberatung einfließen würden. Die Budgetprinzipien sind „ein wichtiges Mittel, die aus der Natur der Sache resultierenden Mängel der finanzpolitischen Willensbildung nach Möglichkeit zu korrigieren und durch institutionelle Schranken ein Mindestmaß an Rationalität der politischen Entscheidungen zu sichern"[13].

Es sei hier dahingestellt, ob es zur Einhaltung dieses Mindestmaßes an Rationalität der politischen Entscheidungen tatsächlich aller Budgetprinzipien bedarf. Die mit dem Bepackungsverbot verbundene Strukturierung der parlamentarischen Beratung läßt sich jedenfalls als ein Mittel für Entscheidungsrationalität begreifen. Entscheiden setzt ein Fachwissen voraus, das durch sachbezogene Beratung vermittelt werden kann. Der Gedanke Heckels, das Bepackungsverbot verhindere die Belastung oder Verfälschung der parlamentarischen Entscheidung über das Budget durch sachfremde Rücksichten und Tendenzen[14], hat daher auch heute noch seine Gültigkeit.

C. Ergebnis

Das Bepackungsverbot im modernen Sinne impliziert kein allgemeines Bedingungsverbot. Eine entstehungsgeschichtliche Ableitbarkeit scheidet schon wegen des veränderten Verhältnisses von Parlament und Regierung in einer parlamentarischen Staatsverfassung aus. „Politische" Koppelungen der Etatverabschiedung mit anderen Wünschen sind daher zumindest aus dem Blickwinkel des Art. 110 Abs. 4 GG nicht untersagt. Auch für die Problematik der Mitwirkung des Parlaments oder seiner Ausschüsse beim Haushaltsvollzug ist das Bepackungsverbot ohne Aussagekraft. Diese Haushaltsmaxime bewirkt aber eine Strukturierung von Beratung und Entscheidung, die ein Mindestmaß an Rationalität garantiert.

§ 18 Zeitigkeit des Haushaltsgesetzes

Wenn die verbleibende Relevanz einer Haushaltsmaxime dargestellt werden soll, so ist es auch angebracht, deren Bedeutung für andere Haushaltsgrundsätze aufzuzeigen. Das Bepackungsverbot steht

---

[13] *Schmölders*, Finanzpolitik, S. 65; ebenso *Glaeser*, Finanzpolitische Willensbildung in der Bundesrepublik Deutschland, S. 86; *Haller*, Finanzpolitik, S. 330 ff.
[14] *Heckel*, Die Budgetverabschiedung, insbesondere die Rechte und Pflichten des Reichstags, S. 397; vgl. schon oben § 9 C.

§ 18 Zeitigkeit des Haushaltsgesetzes

nicht isoliert im 10. Abschnitt des GG, sondern läßt sich als flankierende Maßnahme zu anderen Haushaltsprinzipien begreifen.

A. Vorheriges Zustandekommen des Haushaltsgesetzes und Bepackungsverbot

Gemäß Art. 110 Abs. 2 S. 1 GG wird der Haushaltsplan für ein oder mehrere Rechnungsjahre nach Jahren getrennt, vor Beginn des ersten Rechnungsjahres durch das Haushaltsgesetz festgestellt. Nach § 4 BHO ist das Rechnungsjahr (Haushaltsjahr) identisch mit dem Kalenderjahr[1]. Die Verfassung geht also davon aus, daß das Bundeshaushaltsgesetz spätestens am letzten Tag des vorhergehenden Rechnungsjahrs verkündet wird, so daß der Haushaltsplan am ersten Tag des Rechnungsjahrs in Kraft treten kann.

Wohl selten divergierten aber Wunsch und Wirklichkeit einer Verfassungsnorm in einem derartigen Ausmaß. Es wird zwar allgemein anerkannt, daß der Haushaltsplan seinen Zweck nur erfüllen kann, wenn er vor Beginn des Zeitraums, für den er durch das Haushaltsgesetz festgestellt wird, aufgestellt und verabschiedet wird. „Ohne eine rechtzeitige Planverabschiedung gibt es keine ausreichende vorherige Kontrolle, keine umfassende politische Verantwortung, keine bewußte Gestaltung und keine formelle Ordnung im Finanzwesen[2]." Dennoch ist der Haushaltsgrundsatz der Vorherigkeit vom Bundesgesetzgeber bisher noch nie eingehalten worden. Man muß dabei nicht unbedingt das Haushaltsgesetz 1972 (BGBl. I 2537) als Beispiel heranziehen, das aufgrund der damaligen Mehrheitsverhältnisse im Bundestag erst am 21. Dezember 1972 verkündet worden ist[3]. Schleehauf kommt zu dem Ergebnis, daß die Bundeshaushaltsgesetze von 1952 bis 1965 einschließlich um durchschnittlich 107 Tage, also über 3 Monate, zuspät verkündet worden sind[4]. Berücksichtigt man die Verkündungsdaten der Bundes-

---

[1] Bis zum Jahre 1960 galt § 2 RHO ursprünglicher Fassung, demzufolge das Rechnungsjahr mit dem 1. April begann und mit dem 31. März endete und nach dem Kalenderjahr benannt wurde, in dem es anfing. Diese bis auf das Jahr 1877 zurückgehende Regelung beruht auf der Erwägung, dem Parlament nach Ende seiner Sommerpause einen längeren Zeitraum für die Haushaltsberatungen zu gewähren, vgl. *Schulze / Wagner*, Reichshaushaltsordnung, S. 244 f. Das „Gesetz zur Anpassung des Rechnungsjahres an das Kalenderjahr" v. 29. 12. 1959 (BGBl. I 832) änderte § 2 RHO ohne Rücksicht auf die Feriengewohnheiten des Parlaments.

[2] *Piduch*, Bundeshaushaltsrecht, Art. 110 Rdn. 18; ebenso *v. Mangoldt*, Art. 110 Anm. 3 (S. 584); *Heinig*, Das Budget, Bd. II, S. 188.

[3] Zum Etatkonflikt des Jahres 1972, vgl. *Sasse*, Haushaltsvollzug ohne Haushalt?, in: JZ 1973, S. 189 ff.; auch *Lange*, Die Abhängigkeit der Ausgabenwirtschaft der Bundesregierung von der parlamentarischen Budgetbewilligung, in: Der Staat 1972, S. 313 ff.

[4] *Schleehauf*, Zur Realisierung der verfassungsrechtlichen Budgetprinzipien, in: Finanzarchiv N. F. 25. Bd., S. 250.

haushaltsgesetze seit 1966[5], so muß man feststellen, daß sich dieser Durchschnitt noch mehr verschlechtert hat. Bei diesen Durchschnittszahlen sind zudem die üblichen Nachträge zu den einzelnen Haushaltsplänen noch unberücksichtigt.

Die Verletzung des Grundsatzes der Vorherigkeit führt aber nicht zur Ungültigkeit eines verspätet beschlossenen Haushaltsgesetzes, da andernfalls nach Überschreitung der Frist überhaupt kein gültiges Haushaltsgesetz mehr beschlossen werden könnte. Art. 110 Abs. 2 S. 1 GG ist daher eine bloße „Sollvorschrift"[6]. Dennoch bedarf eine derartige Fristsetzung durch die Verfassung auch der notwendigen sachlichen Beschränkung. Es wäre sinnwidrig, die Haushaltsvorlage zusätzlich mit allen möglichen Vorschriften bepacken zu können, da sich dann mit Sicherheit das Gesetzgebungsverfahren noch mehr verlängern würde. Das Bepackungsverbot läßt jedenfalls in der Tendenz erkennen, daß die Beschränkung auf den Bundeshaushalt betreffende Vorschriften von der Verfassung auch deshalb bezweckt ist, um so das Haushaltsgesetz entsprechend dem Vorherigkeitsgebot des Art. 110 Abs. 2 S. 1 GG verabschieden zu können. Ein wesentlicher Grund für das Bepackungsverbot liegt daher in dem Bedürfnis nach Erleichterung des Zustandekommens des Haushaltsgesetzes. Das Verbot dient diesem Bedürfnis, weil es mögliche Komplikations- und Streitpunkte ausschließt oder mindert. Das Haushaltsgesetz soll zustandekommen und es soll rechtzeitig, also vorher, zustandekommen. Dieser Sinn des Bepackungsverbots gilt im übrigen nicht nur für den Bund, sondern auch für die Bundesländer. Eine ersatzlose Streichung des Art. 110 Abs. 4 GG wäre daher aus dem Blickwinkel des Grundsatzes der Vorherigkeit des Haushaltsgesetzes nicht zu begrüßen. Zwar hat auch das geltende Bepackungsverbot die fristgemäße Verkündung der Haushaltsgesetze bisher nicht gewährleisten können. Es läßt sich aber nicht ausschließen, daß durch seine Existenz die Fristüberschreitungen vielleicht noch gemildert worden sind. Vorherigkeitsgrundsatz und Bepackungsverbot stehen also in einem sachlichen Zusammenhang.

B. Fristgesetz und Bepackungsverbot

Das Bepackungsverbot läßt sich auch zu einer weiteren Haushaltsmaxime in Bezug setzen. Das Haushaltsgesetz ist ein Gesetz mit zeit-

---

[5] Haushaltsgesetz 1966 v. 22. Juni 1966 (BGBl. II S. 437); Haushaltsgesetz 1967 v. 4. Juli 1967 (BGBl. II 1961); Haushaltsgesetz 1968 v. 3. Mai 1968 (BGBl. II 345); Haushaltsgesetz 1969 v. 18. April 1969 (BGBl. I 793); Haushaltsgesetz 1970 v. 27. Juni 1970 (BGBl. I 877); Haushaltsgesetz 1971 v. 3. März 1971 (BGBl. I 129); Haushaltsgesetz 1972 v. 21. Dezember 1972 (BGBl. I 2537); Haushaltsgesetz 1973 v. 6. Juli 1973 (BGBl. I 753).

[6] *Maunz / Dürig / Herzog*, Art. 110 Rdn. 23; *Piduch*, Art. 110 Rdn. 59.

lich begrenzter Gültigkeitsdauer. Zwar ist das Jährlichkeitsprinzip durch die Haushaltsreform 1969 durchbrochen worden, da es sich für längere Planungen als ungeeignet[7] erwiesen hatte und zudem das sog. „Jährlichkeitsdenken"[8] gefördert hatte. Nunmehr bestimmt daher Art. 110 Abs. 2 S. 1 GG, daß der Haushaltsplan auch für mehrere Rechnungsjahre aufgestellt werden kann. Der Gesetzgeber hat daraus in § 12 BHO die Konsequenz gezogen, indem er Haushaltspläne für zwei Haushaltsjahre für zulässig erklärt hat. Diese Änderungen haben aber den Grundsatz unberührt gelassen, nachdem das Haushaltsgesetz aus der Natur der Sache ein Fristgesetz ist. Lediglich die mögliche Gültigkeitsdauer ist verlängert worden.

Das Bepackungsverbot berücksichtigt diesen Rechtscharakter des Haushaltsgesetzes. Fristgesetz und Dauergesetz nehmen zwar in dem Stufenbau der Rechtsquellen keinen unterschiedlichen Rang ein. Es entspricht aber einer sachgerechten Gesetzgebung, Dauerregelungen nicht in einem Gesetz zu treffen, das nach seinem ursprünglichen Anliegen nur eine begrenzte Gültigkeitsdauer hat, da Art. 110 Abs. 2 GG das Auslaufen mit Schluß des oder der Rechnungsjahre(s) zwingend vorschreibt. Dem entspricht das zeitliche Bepackungsverbot, das über die Geltungsdauer des Haushaltsgesetzes hinausgehende Vorschriften untersagt. Die Haushaltsmaxime des Haushaltsgesetzes als eines Fristgesetzes steht daher ebenfalls in einem sachlichen Zusammenhang mit dem Bepackungsverbot. Dieser Rechtscharakter des Haushaltsgesetzes soll durch Art. 110 Abs. 4 GG gewahrt bleiben[9]. Damit ist zudem ein Stück Rechtsstaatlichkeit garantiert, was näher ausgeführt werden soll.

---

[7] Die Auffassung von *Vialon*, Haushaltsrecht, Art. 110 Anm. 5, nach der die jährliche Veranschlagung einen „kostbaren Besitz" darstellt, wurde später kaum noch geteilt. Schon *Neumark*, Theorie und Praxis der Budgetgestaltung, S. 574, sah die Jährlichkeit nicht mehr als aus Wesen und Funktionen des Budgets notwendig ableitbar an. Zur finanzpolitischen Kritik am Jährlichkeitsprinzip vgl. *Keller*, Alte Budgetgrundsätze und neue Finanzpolitik, S. 380 ff.; *Korff*, Neuordnung der Haushaltswirtschaft des Bundes, S. 121 ff.

[8] Mit dem „Jährlichkeitsdenken" ist gemeint, daß die Gesetzgebung weniger auf die finanziellen Gegebenheiten, die auf längere Sicht bestehen, ausgerichtet wird, sondern nur darauf abgestellt wird, ob im laufenden Rechnungsjahr Deckungsmöglichkeit besteht. Gegebenenfalls schob man dann das Inkrafttreten eines Gesetzes um drei oder sechs Monate hinaus, da nach § 96 Abs. 3 BT-GeschO a. F. die Mitwirkung des Haushaltsausschusses an der Vorbereitung kostenverursachender Gesetze nur in bezug auf die Auswirkung auf den Haushaltsplan für das laufende Rechnungsjahr vorgesehen war, vgl. *Patzig*, Probleme einer Neuordnung des Finanz- und Haushaltsrechts in VwArchiv 1967, S. 22. Nach § 96 Abs. 5 BT-GeschO i. d. Fassung vom 22. Mai 1970 (BGBl. I 628) prüft der Haushaltsausschuß jetzt jede Finanzvorlage auf ihre Vereinbarkeit mit dem laufenden Haushalt und künftigen Haushalten.

[9] *Henrichs*, Art. 113 GG und verwandte Bestimmungen, S. 253; *Schumann*, Rechtswirkungen des Haushaltsplans, S. 135. Beide allerdings mit dem Hinweis, daß nur diese Bedeutung dem Bepackungsverbot heute noch zukomme.

VI. Teil: Aktuelle Relevanz des Bepackungsverbots

C. Ergebnis

Das Bepackungsverbot erleichtert das rechtzeitige Zustandekommen des Haushaltsgesetzes. Der Vorherigkeitsgrundsatz des Art. 110 Abs. 2 S. 1 GG verlangt, daß die Verfassung den möglichen Inhalt des Haushaltsgesetzes von vornherein beschränkt, um so denkbare Komplikations- und Streitpunkte auszuschließen oder zu mindern. Das zeitliche Bepackungsverbot wahrt zudem den Charakter des Haushaltsgesetzes, das nur ein Fristgesetz ist und daher Dauerregelungen nicht enthalten kann.

§ 19 Formenklarheit und Rechtsstaatsprinzip

A. Das Bepackungsverbot als Garantie für Normenklarheit

Die in den Art. 20 Abs. 2 S. 2, 20 Abs. 3, 28 Abs. 1 S. 1 GG zum Ausdruck kommende Verfassungsentscheidung für den Rechtsstaat[1] gewährleistet ein unabdingbares Maß an Meßbarkeit und Vorausberechenbarkeit aller staatlichen Machtäußerungen. Rechtsstaatlichen Anforderungen entspricht ein Gesetz daher nur dann, wenn für den Rechtsunterworfenen eindeutig festgelegt ist, was rechtens sein soll. Das Gebot der Normenklarheit ist also eine Konkretisierung der Verfassungsentscheidung für den Rechtsstaat[2].

Es mag der Vorwurf berechtigt sein, daß im Zuge einer fortschreitenden formalen Ausbildung des Rechtsstaatsgedankens der Gesetzgeber das rechte Maß verloren habe und dem aus den Fachressorts stammenden Hang zum Perfektionismus erlegen sei[3]. Eine der wichtigsten Aufgaben der Gesetzgebungsarbeit bleibt es aber, für die Erhaltung der Einheit und Einheitlichkeit des Rechts zu sorgen[4]. Die übermäßige Aufspaltung zusammengehörender Materien in verschiedene Gesetze führt dazu, daß es Rechtsgebiete gibt, die nur noch von Spezialisten überblickt werden können.

Das Bepackungsverbot wirkt der Gefahr der Aufsplitterung sachlich zusammengehörender Gesetze entgegen und dient damit der Übersichtlichkeit der Gesetze. Jèze hat eindringlich geschildert, wie die Normenklarheit in Mitleidenschaft gezogen wird, wenn die Bepackung des

---

[1] Das Rechtsstaatsprinzip partizipiert an der Unabänderlichkeitsgarantie des Art. 79 Abs. 3 GG gegenüber dem Verfassungsgesetzgeber. Es gehört zur „Verfassung", nicht bloß zum „Verfassungsgesetz" im Sinne der Unterscheidung von *C. Schmitt*, Verfassungslehre, S. 25 ff.

[2] BVerfGE 5, 25 ff. (31); 8, 274 ff. (302); ebenso *Maunz / Dürig / Herzog*, Art. 20 Rdn. 89; *Leibholz / Rinck*, Art. 20 Rdn. 24.

[3] *Scheuner*, Die Aufgabe der Gesetzgebung in unserer Zeit, DÖV 1960, S. 606 f.

[4] *Scheuner*, Aufgabe, S. 608.

Haushaltsgesetzes unbeschränkt zulässig ist. So wurden als „adjonctions budgétaires" in Frankreich nicht nur die großen Finanzreformen, etwa Neuregelungen der Einkommensteuer, Grundsteuer und Erbschaftsbesteuerung, in das Budgetgesetz eingestellt, sondern man regelte darin auch die Frist für Berufungen an den Staatsrat, die Zusammensetzung der Schwurgerichte und das Recht der Handelsgesellschaften. Eine „größere Unkorrektheit" läßt sich nach Jéze nicht denken[5].

Eine Gesetzgebungstechnik, die sich an dem Gebot der Normenklarheit orientiert, wird eine derartige Praxis zu vermeiden suchen. Das Bepackungsverbot vermag dieses Gebot weiter zu unterstützen[6]. Die ersatzlose Streichung eines Stückes geschriebener Rechtsstaatlichkeit wäre daher nicht zu begrüßen. Es würde zu einer unter rechtsstaatlichen Gesichtspunkten unerträglichen Unsicherheit führen, wenn das Haushaltsgesetz Regelungen jeder Art enthalten würde, die man im Haushaltsgesetz nicht vermuten kann. Das Bepackungsverbot ist daher auch eine Regel der praktischen Vernunft.

B. Das Bepackungsverbot als Garantie für Verfahrensklarheit

Die Regelung des Art. 110 Abs. 4 GG ist zudem der Verfahrensklarheit dienlich. Neben der schon erwähnten Besonderheit für das Gesetzgebungsverfahren aus Art. 110 Abs. 3 GG[7] sind bei der Aufstellung und Verabschiedung des Haushaltsgesetzes eine Reihe von dem üblichen Verfahren abweichende Spezialregelungen zu beachten, die sich aus dem Gesetz oder aus Geschäftsordnungen ergeben. Die nach Art. 40 Abs. 1 S. 2, 65 S. 4 GG erlassenen Geschäftsordnungen des Bundestags bzw. der Bundesregierung werden nach h. M. als autonome Satzungen angesehen[8]. Mit der damit verbundenen Anerkennung ihres Rechtssatzcharakters kann hier die Streitfrage offen bleiben, inwieweit Satzungen den Erfordernissen des Art. 80 GG entsprechen müssen[9].

---

[5] *Jéze*, Allgemeine Theorie des Budgets, S. 64; weitere ausländische Beispiele bei *Heinig*, Das Budget, Bd. I, S. 300 f., etwa die Bestimmung in einem jugoslawischen Budgetgesetz, daß die Ausgaben des Auswärtigen Amtes „ne sont pas soumis en contrôle préventif de l'engagement et de l'ordonnancement, exercé par les organes de cour des comptes".
[6] *Mußgnug*, Bonner Kommentar, Vorbem. z. Art. 104 a - 115 Anm. 42.
[7] Vgl. oben § 14 B.
[8] *BVerfGE* 1, 144 ff. (148); *Maunz / Dürig / Herzog*, Art. 40 Rdn. 23 m. w. Nachweise. Vgl. dazu die Kritik bei *Böckenförde*, Die Organisationsgewalt im Bereich der Regierung, S. 115 ff.; *Arndt*, Parlamentarische Geschäftsordnungsautonomie und autonomes Parlamentsrecht, S. 156 ff.
[9] Das *BVerfG* hält Art. 80 Abs. 1 GG auf Satzungen für unanwendbar, vgl. *BVerfGE* 12, 319 ff. (325); 21, 54 ff. (62); 32, 346 ff. (360 f.); 33, 125 ff. (157); ebenso die h. M. im Schrifttum, vgl. *Maunz / Dürig / Herzog*, Art. 80 Rdn. 31; *Starck*, Autonomie und Grundrechte, AöR Bd. 92, S. 457 ff.; *H. Schneider*,

Als Rechtssatz unterliegen diese Satzungen jedenfalls dem aus dem Rechtsstaatsprinzip ableitbaren Grundsatz der Formenklarheit.

Wenn im folgenden der Sinn einer Verfassungsvorschrift an Hand von Unterverfassungsrecht ermittelt wird, so mag die Zulässigkeit dieser Argumentation methodischen Bedenken ausgesetzt sein. Die Feststellung etwa, daß bei Fehlen eines Bepackungsverbots dieses Unterverfassungsrecht zu Anwendungsschwierigkeiten führt, sieht sich dem Einwand ausgesetzt, daß dann eben das Unterverfassungsrecht präzisiert und geändert werden müßte. Das hier angewandte Verfahren rechtfertigt sich aber aus der Überlegung, daß für die folgenden unterverfassungsrechtlichen Spezialregelungen ein erhebliches praktisches Bedürfnis besteht, deren Praxiswert beliebige Änderungen ausschließt.

Gemäß § 29 Abs. 2 S. 1 u. S. 2 BHO bedürfen auf Antrag des zuständigen Bundesministers Vorschriften, die der Bundesminister der Finanzen nicht in den Entwurf des Haushaltsgesetzes aufgenommen hat, der Beschlußfassung der Bundesregierung, wenn es sich um Angelegenheiten von grundsätzlicher oder erheblicher finanzieller Bedeutung handelt. Entscheidet dabei die Bundesregierung gegen oder ohne die Stimme des Bundesministers der Finanzen, so steht diesem nach § 29 Abs. 2 S. 3 in Verbindung mit § 28 Abs. 2 S. 2 BHO ein Widerspruchsrecht zu. Das weitere Verfahren regelt sich dann nach § 29 Abs. 2 S. 4 BHO gemäß der Geschäftsordnung der Bundesregierung[10]. In § 26 Abs. 1 S. 2 BRegGeschO wird bestimmt, daß anschließend über die Angelegenheit in einer weiteren Sitzung der Bundesregierung erneut abzustimmen ist. Die Durchführung der Angelegenheit, der der Bundesminister der Finanzen widersprochen hat, muß unterbleiben, wenn sie nicht in der neuen Abstimmung in Anwesenheit des Bundesministers der Finanzen oder seines Vertreters von der Mehrheit sämtlicher Bundesminister beschlossen wird und der Bundeskanzler mit der Mehrheit gestimmt hat.

Das Widerspruchsrecht des Bundesministers der Finanzen kann also letztlich die Aufnahme weiterer Vorschriften in das Haushaltsgesetz nicht verhindern. Durch das Bestehen eines Bepackungsverbots wird sich aber für den Bundesfinanzminister in weniger Fällen die Notwendigkeit des Einlegens eines Widerpsruchs ergeben, da Bepackungsversuche der anderen Fachministerien schon durch die bloße Existenz die-

---

Die öffentlich-rechtliche Alterssicherung freier Berufe und das GG, S. 66. A. A. *v. Mangoldt / Klein*, Art. 80 Anm. XIII 2; *Hamann*, Autonome Satzungen und Verfassungsrecht, S. 76 ff. für die Fälle, in denen er überhaupt eine Verleihung von Satzungsgewalt für zulässig hält.

[10] In der Fassung der Bekanntmachung vom 23. 1. 1970 (GMBl. S. 50); abgedruckt bei *Lechner / Hülshoff*, Parlament und Regierung, S. 338 ff.

ses Verbots sich auf ein Weniger reduzieren. Das gesamte Verfahren ist zudem für den einzelnen Bundesminister mit Unsicherheiten belastet, da er nicht übersehen kann, ob es sich wirklich um eine Angelegenheit von grundsätzlicher oder erheblicher finanzieller Bedeutung handelt, was aber Voraussetzung für den Antrag nach § 29 Abs. 2 S. 1 und S. 2 BHO ist. Ob diese Voraussetzungen nämlich vorliegen, entscheidet letztlich die Bundesregierung[11].

Auch die Geschäftsordnung des Bundestages[12] behandelt die Haushaltsvorlagen in ihrem § 94 abweichend von den sonstigen Gesetzesvorlagen. So werden nach § 94 Abs. 1 S. 3 BT-GeschO Haushaltsvorlagen grundsätzlich dem Haushaltsausschuß überwiesen, wohingegen nach § 79 Abs. 1 S. 1 BT-GeschO andere Gesetzesentwürfe am Schluß der ersten Beratung einem Ausschuß lediglich überwiesen werden „können". Wäre daher die Bepackung des Haushaltsgesetzes unbeschränkt zulässig, so müßte grundsätzlich der Haushaltsausschuß auch Materien beraten, die jeden Bezug zum Haushaltswesen vermissen lassen. Durch die Formulierung „grundsätzlich" kommt zwar zum Ausdruck, daß der Entwurf des Haushaltsgesetzes im Einzelfall auch einmal mehreren Ausschüssen überwiesen werden kann. Gemäß § 79 Abs. 1 S. 2 BT-GeschO entspricht die Überweisung an mehrere Ausschüsse aber nicht dem üblichen Verfahren, so daß man für den Regelfall davon ausgehen kann, daß auch bei dem Entwurf eines bepackten Haushaltsgesetzes lediglich der Haushaltsausschuß mit dem Entwurf befaßt sein wird. Damit besteht aber die Gefahr, daß die nach § 61 BT-GeschO eingesetzten Fachausschüsse durch Bepackungen ausgeschaltet werden können. Zumindest würden immer wieder Zweifelsfragen auftauchen, ob neben dem Haushaltsausschuß noch andere Ausschüsse mit dem Entwurf des Haushaltsgesetzes befaßt werden sollten.

Das Bepackungsverbot dient daher der Klarheit bei der Durchführung dieser organisatorischen Vorschriften. Die Verantwortung des Bundesministers der Finanzen für das Finanzwesen und das faktische Gewicht der Stellungnahme des Haushaltsausschusses für die parlamentarische Behandlung des Entwurfs des Haushaltsgesetzes lassen für diese Sonderregelungen ein erhebliches praktisches Bedürfnis erkennen. Beschlüsse, die unter Verletzung der Geschäftsordnung zustande kommen, sind allerdings nur dann ungültig, wenn zugleich die Verfassung verletzt ist[13].

---

[11] *Piduch*, Bundeshaushaltsrecht, § 29 Anm. 3.
[12] In der Fassung vom 22. 5. 1970 (BGBl. I 628); abgedruckt bei *Lechner / Hülshoff*, S. 186 ff.
[13] *Maunz / Dürig / Herzog*, Art. 40 Rdn. 23; *v. Mangoldt / Klein*, Art. 40 Anm. IV 2; a. A. *Lechner / Hülshoff*, S. 186, die aber keine Begründung für ihre Auffassung geben.

Nachdem der allgemeine Bezug des Bepackungsverbots zum Rechtsstaatsprinzip aufgezeigt worden ist, sollen speziell die Auswirkungen dieser Haushaltsmaxime auf einen weiteren aus dem Rechtsstaatsprinzip ableitbaren Grundsatz[14] dargestellt werden.

C. Ergebnis

Das Bepackungsverbot dient dem aus dem Rechtsstaatsprinzip ableitbaren Grundsatz der Formenklarheit. Anwendungsfälle dieses Grundsatzes sind die Gebote der Normen- und Verfahrensklarheit. Ausländische Beispiele zeigen, wie die Normenklarheit gefährdet sein kann, wenn die Bepackung des Haushaltsgesetzes unbeschränkt zulässig ist. Das Bepackungsverbot bewirkt aber auch eine Garantie für Verfahrensklarheit, da die Geschäftsordnungen die Haushaltsvorlage abweichend von sonstigen Gesetzesvorlagen regeln, wofür aus Sachgründen auch ein Bedürfnis besteht.

§ 20 Budget und Vorrang des Gesetzes

A. Haushaltsgesetz und Vorrang des Gesetzes

Die oben geschilderte Bepackungspraxis führt zur Auseinandersetzung mit einer immer noch nicht aufgegebenen Lehre, nach der das Bepackungsverbot es verbieten soll, in das Haushaltsgesetz materielle Gesetze aufzunehmen. Obwohl die Praxis schon während der Weimarer Republik anders verfuhr[1], hat diese Lehre auch heute noch Anhänger[2].

Schon positivrechtlich spricht allerdings das Grundgesetz gegen diese Lehre. Art. 104 a Abs. 4 S. 2 GG geht von einer Bepackung des Haushaltsgesetzes aus, wenn dort Finanzhilfen des Bundes an die Länder

---

[14] Zur Ableitbarkeit des Gesetzmäßigkeitsgrundsatzes und dessen Bestandteil Vorrang des Gesetzes aus dem Rechtsstaatsprinzip, vgl. *Maunz / Dürig / Herzog*, Art. 20 Rdn. 124.

[1] Vgl. oben § 8 A und B.

[2] *Hamann*, Art. 110 Anm. B 6; *Hamann / Lenz*, Art. 110 Anm. B 6; *Bühler*, Bonner Kommentar, Art. 110 Anm. 2; *Görg*, Artikel Haushaltsrecht, Evangelisches Staatslexikon, S. 747; *Schilling*, Rechtsfragen der Fondswirtschaft, BayVBl. 1962, 199; *Giese / Schunck*, Art. 110 Anm. II 4, die allerdings von dem Verbot der Aufnahme materieller Rechtsvorschriften in den „Etat" sprechen, womit auch lediglich der Haushaltsplan gemeint sein könnte. Insoweit eindeutiger *Schmidt*, Die Rechtsfolgen einer verspäteten Feststellung des Bundeshaushaltsplans, S. 103 Fußn. 2, der die Aufnahme materieller Rechtsnormen in das Haushaltsgesetz für zulässig erachtet, dennoch aber wegen des Bepackungsverbots im Haushaltsplan (!) ein bloß formelles Gesetz sieht. Zu dieser Argumentation *Schumann*, Rechtswirkungen des Haushaltsplans, S. 134 f.

für besonders bedeutsame Investitionen durch Verwaltungsvereinbarungen auf Grund des Bundeshaushaltsgesetzes für zulässig erklärt werden. Der Wortlaut ergibt eindeutig, daß als Ermächtigungsgrundlage das Bundeshaushaltsgesetz, nicht aber der Bundeshaushaltsplan gemeint ist[3]. Auch der Bundesgesetzgeber sieht das Haushaltsgesetz als den nach Art. 104 a Abs. 4 S. 2 GG richtigen Regelungsort an[4]. Das Bepackungsverbot des Art. 110 Abs. 4 GG wird durch Art. 104 a Abs. 4 S. 2 GG nicht durchbrochen, da die Ermächtigung zur Regelung des „Näheren" der Finanzhilfen des Bundes durch Verwaltungsvereinbarungen im Haushaltsgesetz sich auf die Ausgaben des Bundes bezieht. Die Ermächtigung zum Abschluß von Verwaltungsvereinbarungen zwischen Bund und Ländern stellt aber eine materielle Rechtsvorschrift dar. Die Ansicht, Art. 110 Abs. 4 GG verbiete die Aufnahme materieller Gesetze in das Haushaltsgesetz, wird daher durch Art. 104 a Abs. 4 S. 2 GG widerlegt.

Angesichts des Wortlauts des Art. 110 Abs. 4 GG muß diese Auffassung ebenfalls unverständlich bleiben. Sie läßt sich auch nur dann verstehen, wenn man in die Untersuchung die Grundthese miteinbezieht, wonach das Haushaltsgesetz „nur" ein Gesetz im formellen Sinne sei. Demgemäß wird daher zum Teil auch aus der Rechtsnatur des Haushaltsgesetzes abgeleitet, daß das Haushaltsgesetz nicht zur Aufnahme materieller Gesetze geeignet sei[5]. Damit wird zumindest ein Bestandteil des Vorrangs des Gesetzes für das Haushaltsgesetz geleugnet. Bekanntlich besagt der Grundsatz des Vorrangs des Gesetzes auch, daß es keine Ermächtigungsvorschrift geben kann, die zum Abweichen von anderen Vorschriften ermächtigt, es sei denn, daß sie deren Geltung selbst (als lex posterior, lex specialis, lex superior usw.) durchbricht oder beseitigt[6]. Diese gesetzesdurchbrechende Kraft wird aber dem Haushaltsgesetz wegen dessen angeblicher Rechtsnatur abgesprochen.

---

[3] Zur notwendigen Unterscheidung zwischen Haushaltsgesetz und Haushaltsplan, vgl. oben § 2 C.

[4] Vgl. § 6 Haushaltsgesetz 1974 v. 31. Mai 1974 (BGBl. I S. 1229): „Der Bund kann den Ländern auf Grund von Verwaltungsvereinbarungen Finanzhilfen im Sinne des Artikels 104 a Abs. 4 des Grundgesetzes nach Maßgabe der dafür im Bundeshaushaltsplan zur Verfügung gestellten Mittel gewähren."

[5] Als Beispiel sei hier *Vialon*, Haushaltsrecht, § 1 Anm. 9 erwähnt, der sich ausdrücklich nicht auf das Bepackungsverbot beruft, sondern auf den VA-Charakter des Haushaltsgesetzes. An anderer Stelle heißt es aber bei *Vialon*, Art. 110 Anm. 9, daß das Haushaltsgesetz ein „wirkliches Gesetz" sei, jedoch „sui generis". Die Argumentation erscheint hier insgesamt widersprüchlich.

[6] *Maunz / Dürig / Herzog*, Art. 20 Rdn. 127; *Otto Mayer*, Deutsches Verwaltungsrecht, S. 68; *Thoma*, Der Vorbehalt der Legislative und das Prinzip der Gesetzmäßigkeit von Verwaltung und Rechtsprechung, S. 222.

Die Rechtsnatur des Haushaltsgesetzes war in der Staatsrechtswissenschaft seit jeher umstritten[7]. Der darauf aufbauende Streit um den „doppelten" Gesetzesbegriff ist auch heute noch nicht abgeklungen[8]. Der Begriff des „rein formellen Gesetzes" hatte die Bedeutung, eine Grenzüberschreitung der Legislative zu markieren. Das Parlament griff beim Erlaß eines „formellen Gesetzes" nach der Lehre vom „doppelten" Gesetzesbegriff in einen Bereich ein, der an sich der Exekutive zukommt[9]. Damit war mit der Bezeichnung „formelles Gesetz" zugleich eine Kompetenzabgrenzung des Parlaments geschaffen. Gleichzeitig wurde dieses „formelle Gesetz" als Nicht-Recht bezeichnet, da nur das Gesetz im materiellen Sinne einen Rechtssatz enthalten sollte. Der Bereich des Rechts wurde auf die Beziehungen zwischen Bürger und Bürger sowie zwischen Staat und Untertan beschränkt, Nicht-Recht waren demgegenüber die Beziehungen im internen Bereich des Staats selbst[10].

Es kann hier offen bleiben, ob der zunehmend erhobene Vorwurf zutrifft, daß diese Lehre nur dem „politischen Ziel"[11] diente, den preu-

---

[7] Eine kritische Übersicht über die dogmatische Behandlung des Staatshaushaltsplans seit dem preußischen Verfassungskonflikt gibt *Friauf*, Der Staatshaushaltsplan im Spannungsfeld zwischen Parlament und Regierung, S. 247 ff. Die Theorie Laband's, wonach der Haushaltsplan nur ein Verwaltungsakt in Gesetzesform, eine einfache Rechnung, ohne konstitutive Bedeutung war, sah sich schon bald heftigen Angriffen ausgesetzt. Insbesondere *Haenel*, Das Gesetz im formellen und materiellen Sinne, Leipzig 1888, entwickelte die Gegenlehre zur Budgettheorie Laband's. Nach Haenel war der Haushaltsplan wegen der Einkleidung in die Form eines Gesetzes Rechtssatz und daher materielles Gesetz: „Die Form des Gesetzes hat den Rechtssatz zu dem ihr nothwendigen Inhalt", a.a.O., S. 354. Die Budgettheorie Laband's war aber bald vorherrschend. Nicht ohne Genugtuung konnte *Laband*, Das Staatsrecht des Deutschen Reiches, Bd. IV, S. 577 f., dies auch in einem Anhang über die neuere deutsche Literatur über das Budgetrecht feststellen. Seine Kritik an Haenels Argumentation ist dabei aber nicht frei von polemischen Überzeichnungen, Haenel „ereifert sich", „nichtssagender sophistischer Kunstgriff"; „Redewendung, die sich vielleicht als rhetorische Floskel verwenden läßt, aber keinen Gedanken enthält"; „Dogma von der Transsubstantiation durch die mystische Wunderkraft der Gesetzesform" usw. Für die Weimarer Reichsverfassung wurde die Lehre Haenels von *Heller*, Der Begriff des Gesetzes in der Reichsverfassung, in: VVDStRL Heft 4, S. 98 ff. (126 ff.), unter Anlehnung an Ausführungen von Erich Kaufmann erneut aufgegriffen. Heller konnte sich aber gegenüber der von ihm mit Leidenschaft bekämpften Budgettheorie Laband's nicht durchsetzen, da er letztlich keine der Hauptfragen des Budgetrechts beantwortete.

[8] Hingewiesen sei hier auf die Untersuchungen von *Jesch*, Gesetz und Verwaltung, S. 9 ff.; *Rupp*, Grundfragen der heutigen Verwaltungsrechtslehre, S. 21 ff.; *Böckenförde*, Gesetz und gesetzgebende Gewalt, S. 226 ff.; *Götz*, Recht der Wirtschaftssubventionen, S. 298 f.

[9] *Laband*, Das Budgetrecht nach den Bestimmungen der Preußischen Verfassungsurkunde unter Berücksichtigung der Verfassung des Norddeutschen Bundes, S. 13: „... Aufstellung des Etats ... gehört lediglich zur Verwaltung..."

[10] Zur Impermeabilitätslehre vgl. oben § 6 C.

§ 20 Budget und Vorrang des Gesetzes   95

ßischen Budgetkonflikt im Sinne der Bismarck'schen „Lückentheorie" begriffsjuristisch zu untermauern[12]. Gleichzeitig bedarf es hier keiner Entscheidung, ob der materielle Gesetzesbegriff gänzlich überflüssig geworden ist[13]. Überwiegend setzt sich heute die Auffassung durch, daß sich die eigentlichen Sachfragen des Haushaltsrechts nicht auf der Ebene des Gesetzesbegriffs lösen lassen[14].

Jedenfalls muß man für den hier interessierenden Problemkreis feststellen, daß nicht einmal Laband aus der Rechtsnatur des Haushaltsgesetzes die Folgerung abgeleitet hat, daß deshalb in das Haushaltsgesetz keine materiellen Rechtsvorschriften aufgenommen werden dürften. Diese Folgerung zog er vielmehr für die Preußische Verfassungsurkunde 1850 aus einer anderen Vorschrift[15]. Wörtlich heißt es bei Laband dazu: „... ist die Möglichkeit gegeben, in dem Etatsgesetz und durch dasselbe die bestehenden Steuergesetze abzuändern, namentlich die Höhe der Steuer zu ermäßigen oder zu steigern, neue Steuern einzuführen, Anstalten des Staates, die auf gesetzlicher Anordnung beruhen, aufzulösen und den Verkauf der zu denselben gehörenden Besitzthümer zu verfügen, gesetzliche Bestimmungen über die Verwendung bestimmter Einnahmen außer Kraft zu setzen, die Ausführung gewisser Gesetze der Ersparniß der damit verbundenen Kosten wegen zu suspendieren, oder andererseits Maßregeln anzuordnen, deren Kosten in dem anliegenden Etat bereits mit enthalten sind ... Die staatsrechtliche Geltung eines solchen Gesetzes (kann) weder im Ganzen noch in irgend einem Theile deshalb angefochten werden, weil das

---

[11] So *Bachof*, Die Rechtsprechung des Bundesverwaltungsgerichts, in: JZ 1962, S. 746; *Ellwein / Görlitz*, Gesetzgebung und politische Kontrolle, S. 66; *Jesch*, Gesetz und Verwaltung, S. 22 f.; *Rupp*, Grundfragen der heutigen Verwaltungsrechtslehre, S. 27 ff.; *ders.*, Verfassungsgerichtliche Überprüfung des Haushaltsgesetzes im Wege der „abstrakten Normenkontrolle", in: NJW 1966, S. 1099; *Friauf*, Der Staatshaushaltsplan im Spannungsfeld zwischen Parlament und Regierung, S. 259; *Scheuner*, Das Wesen des Staates und der Begriff des Politischen in der neueren Staatslehre, S. 228. Die mahnenden Worte von *Böckenförde*, Die Organisationsgewalt im Bereich der Regierung, S. 108 f. und von *Mußgnug*, Der Haushaltsplan als Gesetz, S. 294 ff. sollten dabei aber nicht unberücksichtigt bleiben.

[12] Bekanntlich hatte sich Bismarck im preußischen Verfassungskonflikt während der Jahre 1862 - 1866 auf den Standpunkt gestellt, daß die Verfassung für den Fall des Nichtzustandekommens des Haushaltsgesetzes eine Lücke aufweise. Da das Staatsleben aber weitergehen müsse, könne die Regierung auch ohne verabschiedeten Haushalt weiterhin Ausgaben leisten. Zur Geschichte des Verfassungskonflikts vgl. *Huber*, Deutsche Verfassungsgeschichte seit 1789, Bd. 3, S. 275 ff.

[13] So *Jesch*, S. 23.

[14] *Friauf*, Staatshaushaltsplan, S. 90; ebenso *Mußgnug*, Haushaltsplan, S. 557 ff., der den Streit um die Rechtsnatur des Haushaltsgesetzes als einen „Streit um Worte, der allein zur Verwirrung der Begriffe beiträgt", bezeichnet.

[15] Vgl. oben § 3 B.

Gesetz nur als Gesetz zur Feststellung des Etats eines bestimmten Jahres bezeichnet ist ...[16]."

Damit sollte nunmehr abschließend anerkannt werden, daß weder das Bepackungsverbot noch die Rechtsnatur des Haushaltsgesetzes dagegen sprechen, in das Haushaltsgesetz auch materielle Rechtsvorschriften aufzunehmen, soweit sie sich auf die Einnahmen oder Ausgaben des Bundes in dem schon erwähnten Sinne beziehen.

B. Haushaltsplan und Vorrang des Gesetzes

Weiterhin stellt sich dann die Frage, ob man auch den Haushaltsplan mit Vorschriften bepacken kann, die ebenfalls den Vorrang des Gesetzes für sich beanspruchen können[17]. Seinem Wortlaut nach bezieht sich das Bepackungsverbot des Art. 110 Abs. 4 GG ausdrücklich nur auf das Haushaltsgesetz, so daß man sogar auf den Gedanken kommen könnte, daß eine Bepackung des Haushaltsplans unbeschränkt zulässig sei. Dieses Ergebnis wäre aber offensichtlich untragbar, da eine versteckte Gesetzesänderung in einem Einzelplan zu einer mehr als bedenklichen Rechtsunsicherheit führen müßte. So wird denn auch argumentiert, daß für das Bepackungsverbot Haushaltsgesetz und Haushaltsplan identisch sein müßten, um unerwünschte Folgen zu vermeiden[18].

Gegen eine formelle Gesetzeskraft von Vorschriften, die lediglich in den Haushaltsplan aufgenommen worden sind, spricht aber schon die

---

[16] *Laband*, Budgetrecht, S. 15 f.

[17] Die Frage stellt sich auch für den Vorbehalt des Gesetzes. So wird verschiedentlich untersucht, ob der Haushaltsplan als Legalitätsreserve für die Eingriffs- oder Leistungsverwaltung dienen kann. Im Bereich der Eingriffsverwaltung sei hier die Diskussion erwähnt, ob die dienstliche Zulassung von Waffen nach § 2 Abs. 4 des „Gesetzes über den unmittelbaren Zwang bei Ausübung öffentlicher Gewalt durch Vollzugsbeamte des Bundes" v. 10. März 1961 (BGBl. I S. 165) im Haushaltsplan dem Vorbehalt des Gesetzes nach Art. 2 Abs. 2 S. 3 GG genüge, vgl. dazu *Schumann*, Rechtswirkungen des Haushaltsplans, S. 146 ff.; *Wacke*, Das Bundesgesetz über unmittelbaren Zwang, in: JZ 1962, S. 142, sah darin einen Verstoß gegen das Bepackungsverbot.
Für die Leistungsverwaltung wird die Legalitätsreserve Haushaltsplan besonders bei den gesetzesfreien Subventionen entwickelt. Das BVerwG läßt seit langem eine parlamentarische Willensäußerung in der Form der etatmäßigen Mittelbereitstellung als Grundlage für die Subventionsgewährung genügen, vgl. BVerwGE 6, S. 282 ff. Dazu *Götz*, Recht der Wirtschaftssubventionen, S. 298 f.; *Stern*, Rechtsfragen der öffentlichen Subventionierung Privater, in: JZ 1960, S. 521 ff.; *Ipsen*, Verwaltung durch Subventionen, in: VVDStRL Heft 25, S. 291 f. Die Vorfrage, inwieweit der Grundsatz des Vorbehalts des Gesetzes überhaupt im Bereich der Leistungsverwaltung gilt, kann hier nicht weiter untersucht werden.

[18] So *Vaubel*, Die Vorausbewilligung von Staatsausgaben, S. 100 Fußn. 2; *Cronau*, Der Haushaltsplan als Ermächtigungsgrundlage für die sozialgestaltende Verwaltung, S. 246.

herkömmliche Praxis, den Haushaltsplan nicht vollinhaltlich, sondern nur den Gesamtplan im Bundesgesetzblatt zu verkünden[19]. Eine andere Praxis würde zu einer übermäßigen Belastung des Verkündungsblattes führen, so daß man heute zumeist bereit ist, den Art. 82 Abs. 1 GG dahin auszulegen, daß von einer Publizierung der gesetzlich festgestellten Einzelpläne im Bundesgesetzblatt abgesehen werden kann[20]. Die Folge ist, daß die Einzelpläne mangels Verkündung im Bundesgesetzblatt keine, auch nicht formelle Gesetzeskraft haben und daher schon aus diesem Grunde im Gegensatz zum Haushaltsgesetz keine sonst geltenden Gesetze abändern können. Einer Ausdehung des Bepackungsverbots auf den Haushaltsplan bedarf es dann überhaupt nicht.

Das BVerfG hat allerdings die Auffassung vertreten, daß das Haushaltsgesetz und der gesamte Haushaltsplan eine „Einheit" bilden würden und „die gesamten Einzelpläne in die Kraft des Gesetzes einzubeziehen" seien[21]. Die im Wege der abstrakten Normenkontrolle nach Art. 93 Abs. 1 Nr. 2 GG ergangene Entscheidung betraf die unmittelbare staatliche Parteienfinanzierung durch Bereitstellen von Sondermitteln im Bundeshaushaltsplan für die Aufgaben der Parteien. Das BVerfG hatte dabei die verfahrensrechtliche Vorfrage zu klären, ob auch die nicht verkündeten Einzelpläne samt Erläuterungen „Recht" im Sinne von Art. 93 Abs. 1 Nr. 2 GG darstellten, andernfalls wäre das Normenkontrollverfahren unzulässig gewesen. Zwar hat das BVerfG die Rechtsqualität der nicht verkündeten Einzelpläne samt Erläuterungen bejaht, doch läßt sich nicht mit Bestimmtheit sagen, daß das BVerfG damit auch die Einzelpläne samt Erläuterungen als Gesetze im formellen Sinne ansehen will[22]. Sonst würde der außergewöhnliche Fall vorliegen, daß etwas ein Gesetz im formellen Sinn ist, was nicht als Gesetz förmlich verkündet worden ist, obwohl doch gerade die förmliche Verkündung als Gesetz ein Wesensbestandteil des Gesetzes im formellen Sinn ist[23].

---

[19] Vgl. § 1 BHO.
[20] So *BVerfGE* 20, 56 ff. (93); *Piduch*, Bundeshaushaltsrecht, Art. 110 Rdn. 60; a. A. *Neumark*, Der Reichshaushaltsplan, S. 360; zweifelnd auch *Götz*, Recht der Wirtschaftssubventionen, S. 300. In der Weimarer Republik wurde die Frage von einem Abgeordneten einmal im Reichstag aufgeworfen, vgl. dazu *Kühnemann*, Haushaltsrecht und Reichsetat, S. 113.
[21] *BVerfGE* 20, 56 ff. (93).
[22] *Häberle*, Unmittelbare staatliche Parteifinanzierung unter dem Grundgesetz, in: JuS 1967, S. 65. Nach *Schick*, Haushaltsplan und Haushaltsgesetz vor Gericht, in: JZ 1967, S. 272, läßt sich jedenfalls für den Vorbehalt des Gesetzes aus der Entscheidung des BVerfG nicht ableiten, daß das Gericht trotz fehlender Verkündung die Einzelpläne als eine materiell dem Vorbehalt des Gesetzes entsprechende Regelung ansehen will.

Sollte aber das BVerfG tatsächlich der Ansicht sein, auch die nicht verkündeten Einzelpläne samt Erläuterungen würden formelle Gesetzeskraft haben, so würde es in der Logik einer Argumentation, die immer wieder die „Einheit" von Haushaltsgesetz und Haushaltsplan betont, liegen, auch das Bepackungsverbot, trotz der Beschränkung in Art. 110 Abs. 4 GG auf das Haushaltsgesetz, auf den Haushaltsplan auszudehnen. Bei der festgestellten „Weite" dieser Haushaltsmaxime könnte ein derartiges Ergebnis unter dem Gesichtspunkt der Rechtssicherheit aber keinesfalls befriedigen.

Von der Beurteilung der „Einheit" von Haushaltsgesetz und Haushaltsplan hängt es auch ab, ob man die Regelung des Art. 87 a Abs. 1 GG, wonach sich die zahlenmäßige Stärke der Streitkräfte und die Grundzüge ihrer Organisation aus dem Haushaltsplan ergeben müssen, als Sonderregelung gegenüber dem Bepackungsverbot des Art. 110 Abs. 4 GG ansehen kann. Nur wenn man den gegenständlichen Bereich des Bepackungsverbots auch auf den Haushaltsplan erstreckt, ist hier ein Konkurrenzverhältnis denkbar[24].

Zutreffender erscheint aber, den Geltungsbereich des Bepackungsverbots auf das Haushaltsgesetz zu begrenzen. Vorschriften im Haushaltsplan haben wegen fehlender Verkündung keine formelle Gesetzeskraft und können deshalb keine materiellen Gesetze ändern. Eines Zurückgreifens auf das Bepackungsverbot bedarf es deshalb überhaupt nicht.

Diese Feststellung hat Auswirkungen auf weitere Fragen des Haushaltsrechts, etwa für das Problem, ob aus den Ansätzen im Haushaltsplan auch die Verpflichtung zur Leistung der veranschlagten Ausgaben abzuleiten sei[25]. Staatsrechtlich verbindliche Entscheidungen der Parlamente bedürfen der Form des Gesetzes, nur dann gilt der Vorrang des Gesetzes. Die Verbindlichkeit der Haushaltsansätze für die Verwaltung, soweit sie aus der Verfassung selbst oder aus der BHO ableitbar ist, vermag eine Gesetzlichkeit des Haushaltsplans nicht zu begründen[26].

---

[23] *Maunz*, Anmerkung zum BVerfG-Urteil, in BayVBl. 1966, S. 348 unter ausdrücklicher Aufgabe der gegenteiligen Auffassung in *Maunz / Dürig / Herzog*, Art. 110 Rdn. 9.
[24] Nach *Giese / Schunck*, Art. 87 a Anm. 3; *Hahnenfeld*, Bundestag und Bundeswehr, in: NJW 1963, S. 2149, im Sinne einer lex specialis des Art. 87 a GG gegenüber Art. 110 GG.
[25] Seit dem Streit um den Panzerkreuzer „A" in der haushaltsrechtlichen Literatur immer wieder erörtert. Der durch das Haushaltsgesetz festgestellte Haushaltsplan für das Rechnungsjahr 1928 sah eine erste Rate mit 9,3 Millionen RM für den Bau des Panzerschiffs vor. Bestrebungen der kommunistischen und der sozialdemokratischen Fraktion des Reichstags zur Einstellung des Baues des Panzerkreuzers widersetzte sich die Reichsregie-

C. *Ergebnis*

Jede Vorschrift des Haushaltsgesetzes hat formelle Gesetzeskraft und kann daher andere Gesetze ändern. Dem Haushaltsgesetz kommt ebenfalls der Vorrang des Gesetzes zu. Der Haushaltsplan hat keine Gesetzeskraft, da er nicht insgesamt im Gesetzesblatt verkündet wird. Die Unzulässigkeit gesetzesändernder Vorschriften im Haushaltsplan folgt daher nicht aus einer Ausdehnung des Geltungsbereichs des Bepackungsverbots auf den Haushaltsplan, sondern daraus, daß der Haushaltsplan ein formelles Gesetz überhaupt nicht ändern kann.

§ 21 Das Haushaltsgesetz als Plangesetz

A. *Rangunterschied als Struktureigentümlichkeit?*

Das Haushaltsgesetz, dessen wesentlicher Inhalt die Feststellung des Haushaltsplans ist, gehört zu der Gruppe der Plangesetze. Konrad Huber hat die Unterschiede des Plangesetzes zum „Normalgesetz" herausgearbeitet[1]. Der Plan[2] sei seinem Wesen nach nicht unverbrüchlich, sondern vorläufig, da jede Planung unter dem Vorbehalt der Umstände des Einzelfalls stünde. Er enthalte keine Gebote im rechtstechnischen Sinn, sondern Empfehlungen oder sogar nur tatsächliche Erwartungen, wie etwa bei der Einnahmenseite des Haushaltsplans. Man wird Huber auch noch zustimmen können, wenn er die Intentionalität des Plans als auf Verwirklichung gerichtet beschreibt, nicht aber auf Geltung. Soweit er aber diese Intentionalität für die Norm generell verneint[3], wird man die Gegenüberstellung letztlich nicht akzeptieren können. Die große Zahl der Gebotsnormen läßt sich in dieses System dann nicht mehr

---

rung mit dem Hinweis auf ihre Bindung an das verabschiedete Etatsgesetz. Dazu *Bilfinger*, Der Streit um das Panzerschiff „A" und die Reichsverfassung, in: AöR Bd. 55 (1929), S. 416 ff.

[26] Mit den vorstehenden Ausführungen sind die Probleme um die Rechtsnatur des Haushaltsplans allenfalls angedeutet. Eine vertiefende Untersuchung findet sich bei *Mußgnug*, Der Haushaltsplan als Gesetz, S. 496 ff.

[1] *Konrad Huber*, Maßnahmegesetz und Rechtsgesetz, S. 88 ff.

[2] Die umfangreiche Diskussion um die Einordnung des Plans in die juristische Begriffswelt kann hier nicht dargelegt werden. Jedenfalls hat sich herausgestellt, daß eine Erörterung der Problematik unter dem Thema „Der Plan als verwaltungsrechtliches Institut", wie das Beratungsthema der Tagung der deutschen Staatsrechtslehrer in Erlangen 1959 lautete, angesichts der Bedeutung der staatlichen Planung in allen Bereichen der gesellschaftlichen Entwicklung zu eng ist. Ausmaß und Erscheinungsformen der Planung haben neue juristische Fragestellungen hervorgerufen, von denen die Diskussion um den Plangewährleistungsanspruch für den „verplanten" Einzelnen von größter Bedeutung ist, dazu: *Oldiges*, Grundlagen eines Plangewährleistungsrechts, Bad Homburg v. d. H.-Berlin-Zürich 1970; *Egerer*, Der Plangewährleistungsanspruch, Baden-Baden 1971.

[3] *Konrad Huber*, S. 91.

ohne Brüche einordnen. Mit dieser Einschränkung soll hier der Begriffsbildung hinsichtlich des Plangesetzes durch Konrad Huber gefolgt werden.

Das Haushaltsgesetz als Plangesetz soll nach einer neuerdings wieder vielfach vertretenen These innerhalb der förmlichen Gesetze ein Gesetz mit niedrigerem Rang sein. Die Behauptung von Rangunterschieden innerhalb der Gruppe der förmlichen Gesetze wird zumeist bei der Problematik der Gesetze zur kommunalen Gebietsreform aufgestellt[4]. Das Verhältnis der Bundeshaushaltsordnung zu den periodischen Haushaltsgesetzen dient dabei als Beleg für die Existenz von Rangunterschieden innerhalb der Gruppe der förmlichen Gesetze. Da der Gesetzgeber bei der Beschlußfassung über den Haushaltsplan an die Haushaltsordnung gebunden sei, wäre ein Haushaltsplan insoweit nichtig, als er gegen zwingende Vorschriften der Haushaltsordnung verstieße. Die Gebundenheit des Gesetzgebers an die Haushaltsordnung ließe sich nur dadurch erklären, daß man das Programmgesetz „Haushaltsordnung" gegenüber den periodischen Haushaltsgesetzen als vorrangig ansehe[5]. Die Anhänger dieser Bindungsthese gehen aber ebenfalls davon aus, daß der Gesetzgeber die höherrangigen Vorschriften der Haushaltsordnung als solche im Haushaltsgesetz ändern könne. Die Bindung ist also allenfalls relativ. Allgemein formuliert lautet die These dann, daß der Gesetzgeber, solange er das allgemeine Gesetz nicht ändert, beim Erlaß von Spezialgesetzen (Haushaltsgesetz) daran gebunden sei.

Die traditonelle Ansicht von der Gleichwertigkeit formeller Gesetze und die damit verbundene Gewohnheitsregel „lex posterior derogat

---

[4] Die Gemeindeordnungen der Bundesländer enthalten Vorschriften über die Bemessung des Gemeindegebiets und das Verfahren sowie die Voraussetzungen einer Änderung. Im Rahmen der Gesetze zur kommunalen Gebietsreform stellte sich nun die Frage, ob der Landesgesetzgeber bei der Vornahme gemeindlicher Gebietsänderungen nur an die Selbstverwaltungsgarantie des Grundgesetzes und der Landesverfassung oder auch an die Vorschriften der Gemeindeordnung gebunden sei. Die Rechtsprechung geht davon aus, daß der Gesetzgeber nur durch die Verfassung, nicht aber durch die nur ein einfaches Gesetz ausmachende Gemeindeordnung beschränkt sei, vgl. VerfGH NW, Urt. v. 5.11.1966, abgedruckt in: *Kottenberg / Steffens*, Rechtsprechung zum kommunalen Verfassungsrecht des Landes Nordrhein-Westfalen, GO § 16 Nr. 4; ebenso OVG Münster, Beschl. v. 29.1.1968, in: *Kottenberg / Steffens*, GO § 16 Nr. 5. Demgegenüber vertritt ein Teil des Schrifttums die Ansicht, der Landesgesetzgeber sei bei der Vornahme gemeindlicher Gebietsänderungen an die Vorschriften der Gemeindeordnung gebunden, da diese vorrangig seien, *Görg*, Nochmals: Rechtsschutz im Eingemeindungsverfahren, DVBl. 1969, S. 773; *Ule*, Zwangseingemeindungen und Verfassungsgerichtsbarkeit, VwArchiv Bd. 60 S. 113; *Ossenbühl*, Rechtliches Gehör und Rechtsschutz im Eingemeindungsverfahren, DÖV 1969, S. 550.

[5] *Breuer*, Selbstbindung des Gesetzgebers, DVBl. 1970, S. 104.

§ 21 Das Haushaltsgesetz als Plangesetz 101

legi priori" mag man als bloße „Sprichwörter" und „wirksame Reflexionsbremsen"[6] abtun. Immerhin sieht sich diese Kritik den Bedenken ausgesetzt, daß die periodisch gewählte Volksvertretung damit durch einfaches Gesetz Bindungen für Zeiträume eingeht, für die sie vom Volk kein Mandat mehr hat[7]. Die unterschiedliche Rangordnung innerhalb der Gruppe der formellen Gesetze läßt sich jedenfalls nicht durch das Verhältnis Haushaltsordnung/Haushaltsgesetz belegen. Dabei wird übersehen, daß der Haushaltsplan selbst nicht formelles Gesetz sein kann, da er nicht verkündet wird[8]. Erneut zeigt sich also, wie wichtig es ist, in Fragen des Haushaltsrechts zwischen dem Haushaltsgesetz und dem Haushaltsplan zu unterscheiden. Soweit die Bindung des Haushaltsplans an die Haushaltsordnung als Beispiel angeführt wird, ist diese Argumentation wenig aussagekräftig, da zwischen Haushaltsordnung und Haushaltsplan keine formelle Gleichordnung besteht. Es handelt sich also für dieses Verhältnis überhaupt nicht um ein Rangordnungsproblem zweier formeller Gesetze.

Damit soll nicht die Richtigkeit des Ergebnisses geleugnet werden, daß der Gesetzgeber bei der Aufstellung des Haushaltsplans an die Bestimmungen der Haushaltsordnung solange gebunden ist, als er diese nicht seinerseits ändert. Dieses Ergebnis folgt aber nicht aus einer zweifelhaften Selbstbindung des Gesetzgebers, sondern aus dem Prinzip der Subordination des Haushaltsplans unter die Gesetze. Nach Art. 20 Abs. 3 GG ist die Gesetzgebung an die verfassungsmäßige Ordnung gebunden, zu der das Rechtsstaatsprinzip gehört. Dieses Prinzip verlangt auch, daß der Gesetzgeber solange an ein formelles Gesetz gebunden ist, bis er es durch ein neues formelles Gesetz aufgehoben hat[9]. Da der Haushaltsplan wegen fehlender formeller Gesetzeskraft diese Aufhebung nicht vornehmen kann, steht er unter dem Gesetz. Der Gesetzgeber ist daher beim Erlaß des Haushaltsplans an die Bestimmungen der Haushaltsordnung gebunden, es sei denn, daß durch das Haushaltsgesetz diese Bestimmungen geändert werden würden. Im übrigen besteht kein Anlaß, dem Haushaltsgesetz als Plangesetz gegenüber der

---

[6] *Quaritsch*, Das parlamentslose Parlamentsgesetz, S. 18. Richtig ist allerdings, daß „diese Regel ihre Kraft immer nur in einer Reihe von Normierungen, die inhaltlich gleichen Wertes, gleicher Qualität, gleichen Geltungsgrundes sind", entfalten kann, so *Ipsen*, Europäisches Gemeinschaftsrecht, S. 278. Das hat Auswirkungen für das richtige Verständnis des Verhältnisses des Gemeinschaftsrechts zum nationalen Recht. Der „Vorrang" des Gemeinschaftsrechts ist mit Hilfe der lex posterior-Regel geleugnet worden, wobei aber die in der Vergemeinschaftung liegende Supranationalisierung nationaler Hoheitsrechte im Übertragungsbereich nicht annähernd berücksichtigt worden ist. Zur Gesamtproblematik *Ipsen*, Gemeinschaftsrecht, S. 255 ff.
[7] *Püttner*, Unterschiedlicher Rang der Gesetze?, DÖV 1970, S. 323.
[8] Vgl. oben § 20 B.
[9] *Maunz / Dürig / Herzog*, Art. 20 Rdn. 125.

Haushaltsordnung einen niederen Rang einzuräumen[10]. Weder aus dem Bepackungsverbot[11] noch aus dessen Rechtsnatur, noch aus sonstigen Struktureigentümlichkeiten läßt sich eine solche Rückstufung des Haushaltsgesetzes ableiten.

B. Gesamthand und Haushaltsgesetz

Mit der Begriffswahl „Plangesetz" für das Haushaltsgesetz bietet es sich an, das Budget zum Problemkreis der verfassungsrechtlichen Zuortung der Planung zu einer der drei Gewalten in Bezug zu setzen. Dabei ist hier von Interesse, daß die zentrale Planung als Gemeinschaftsaufgabe von Gesetzgeber und Verwaltung angesehen wird[12]. Dem entspricht die Aussage, daß im demokratisch-parlamentarischen Regierungssystem die Staatsleitung Parlament und Regierung zur gesamten Hand zustehe[13]. Diese Begriffsbildungen, die alle von gesamthänderischen Berechtigungen ausgehen, könnten auch für das Budget als Plan Gültigkeit haben. Das Bepackungsverbot wäre dann vielleicht für die Planungsgewalt strukturbedingt, da bei gesamthänderischen Berechtigungen innere Schwerpunktverschiebungen bei Fehlen eines Bepackungsverbots die Folge sein können. Das Bepackungsverbot bekäme damit allerdings eine Logik, die der zur Zeit der konstitutionellen Monarchie nahe käme[14].

Betrachtet man aber die auch heute noch vorherrschende Haushaltstheorie, so wäre eine derartige Rechtfertigung des Bepackungsverbots zumindest nicht ausgeschlossen. In Ermangelung einer neuen geschlossenen Haushaltstheorie für das Grundgesetz haben die Auffassungen von Johannes Heckel weitgehend Anerkennung gefunden[15]. Nach Heckel ist der Haushaltsplan ein sog. „staatsleitender Akt". Damit gehöre er zu dem Kreis der aus dem Bereich der Exekutive ausgesonder-

---

[10] Ebenso *Lange*, Die Abhängigkeit der Ausgabenwirtschaft der Bundesregierung von der parlamentarischen Budgetbewilligung, Der Staat 1972, S. 319.

[11] Vgl. oben § 20 A.

[12] *Herzog*, Gesetzgeber und Verwaltung, VVDStRL Heft 24, S. 201 ff. mit Analogieschluß aus Art. 59 Abs. 2 GG.

[13] *Friesenhahn*, Parlament und Regierung im modernen Staat, VVDStRL Heft 16, S. 37 f.

[14] Vgl. oben § 6 A und B.

[15] *v. Mangoldt*, Art. 110 Anm. 4 (S. 586 f.); *Maunz / Dürig / Herzog*, Art. 110 Rdn. 7; *Hamann / Lenz*, Art. 110 Anm. B 4; *Menger*, Das Gesetz als Norm und Maßnahme, VVDStRL Heft 15, S. 3 ff.; *Stern*, Rechtsfragen der öffentlichen Subventionierung Privater, JZ 1960, S. 521 f.; *Goltz*, Mitwirkung parlamentarischer Ausschüsse beim Haushaltsvollzug, DÖV 1965, S. 615; *Graf*, Hat der Landtag des Landes Nordrhein-Westfalen oder einer seiner Ausschüsse das Recht, die Erläuterungen des Haushaltsplans (die rechte Seite des Etats) mit die Landesregierung bindender Wirkung zu ändern?, DVBl. 1965, S. 932.

§ 21 Das Haushaltsgesetz als Plangesetz

ten Staatsakte, die nicht unter dem Gesichtspunkt rechtsstaatlicher „Vollziehung", sondern als spezielle Aufgaben staatlicher „Führung" der Regierung allein vorbehalten oder von ihr zwar gemeinschaftlich mit dem Parlament, aber unter gesteigerter Selbständigkeit diesem gegenüber zu erledigen seien[16]. Das Haushaltsgesetz im engeren Sinn, womit Heckel den Haushaltsplan als wesensnotwendigen Inhalt dieses Gesetzes beschreibt, sei ein im Wege der staatsgestaltenden Gesetzgebung erzeugter staatsleitender Gesamtakt der Regierung und des Parlaments[17].

Die Begriffsbildungen dieser Haushaltstheorie könnten zu dem Irrtum verführen, als seien Regierung und Parlament bei der Verabschiedung des Haushaltsgesetzes gleichberechtigt. Die Parallele in der Wortwahl zu der skizzierten Diskussion um die Einordnung der Planungsgewalt und der Staatsleitung vermag vielleicht zu erklären, warum diese Haushaltstheorie heute noch vorherrschend vertreten wird. Dabei wird allerdings übersehen, daß sich die Frage nach der spezifischen Eigenart der Planung zwischen Regierung und Parlament nicht abstrakt beantworten läßt, sondern nur in Beziehung auf eine bestimmte Fragestellung[18]. Mit der Bezeichnung „Gesamtakt" ist zumindest die Gefahr verbunden, daß dadurch der verfassungsrechtliche Tatbestand verwischt wird, wonach der Gesetzgeber den ihm vorgelegten Haushaltsplan einseitig ändern kann, ohne sich dazu der Zustimmung der Regierung vergewissern zu müssen[19]. Die Bewilligungspflicht für die sog. „notwendigen Ausgaben"[20] kann gegen diesen Grundsatz nicht als Argument angeführt werden, da hier für Regierung und Parlament die gleiche Bindung besteht, die auch bei Übereinstimmung nicht beseitigt werden könnte. Die Feststellung des Haushaltsplans ist jedenfalls keine gesamthänderische Berechtigung von Parlament und Regierung, was auch durch eine unmißverständlichere Terminologie zum Ausdruck kommen sollte.

Das Verfassungsrecht mag Kompetenzen zur Gesamthand zulassen, wofür Planungsgewalt und Staatsleitung als Beispiele dienen mögen.

---

[16] *Heckel*, Einrichtung und rechtliche Bedeutung des Reichshaushaltsgesetzes, S. 389.
[17] *Heckel*, Einrichtung, S. 392.
[18] *Böckenförde*, Planung zwischen Regierung und Parlament, Der Staat 1972, S. 440.
[19] *Herzog*, S. 244; *Thierfelder*, Die staatsrechtliche Bedeutung des Staatshaushaltsplans, S. 128 f. Kritisch zur Haushaltstheorie von Heckel hat sich *Friauf*, Der Staatshaushaltsplan im Spannungsfeld zwischen Parlament und Regierung, S. 280 ff., geäußert. Nach Friauf steht Heckel trotz seines grundsätzlich verschiedenen Ausgangspunktes ganz in der Nähe der von Laband begründeten Theorie, a.a.O., S. 285. Ebenso *Lange*, S. 316.
[20] Dazu oben § 9 B.

Das Haushaltsgesetz als Plangesetz unterfällt dieser Zuordnung jedenfalls nicht, da das Grundgesetz eine andere Regelung trifft. Damit kann auch für das Bepackungsverbot aus diesen Gesamthandsberechtigungen keine neue Logik abgeleitet werden.

C. Ergebnis

Die Einordnung des Haushaltsgesetzes in die Gruppe der Plangesetze hat nicht zur Folge, daß das Haushaltsgesetz gegenüber anderen formellen Gesetzen einen niederen Rang einnimmt. Daher läßt sich aus dieser Einordnung das Bepackungsverbot nicht ableiten. Im übrigen steht das Haushaltsgesetz als Plangesetz zwar begrifflich im aktuellen Problemkreis Planung/Regierung/Parlament. Da das Recht der Budgetbewilligung nach dem GG aber allein dem Parlament zusteht, läßt sich hierfür keine gesamthänderische Berechtigung für Regierung und Parlament feststellen. Wegen fehlender „Gesamthand" scheidet auch insoweit eine Rechtfertigung des Bepackungsverbots aus.

Ausblick

§ 22 Ergebnisse und Thesen

1. Das Bepackungsverbot im modernen Sinne wurde in Deutschland erstmals für die Preußische Verfassung von 1850 entwickelt. Vorläufer dieser Haushaltsmaxime waren die frühkonstitutionellen Bedingungsverbote. Die Verfassungen von Coburg-Gotha und Waldeck zeigen die enge Verwandtschaft zwischen Bedingungs- und Bepackungsverbot. Diese Verbote entsprachen der Logik des monarchischen Prinzips und waren daher verfassungsstrukturbedingt.

2. Die Entstehungsgeschichte der Weimarer Reichsverfassung läßt keine Begründung dafür erkennen, warum das Bepackungsverbot in Art. 85 Abs. 3 S. 2 WRV aufgenommen worden ist. Die Staatsorgane legten jene Verfassungsbestimmung oft extensiv aus, ohne den engeren Wortlaut des Verbots dabei zu berücksichtigen. Das staatsrechtliche Schrifttum beschäftigte sich während der Weimarer Zeit kaum mit der Problematik des Bepackungsverbots. Lediglich Heckel bemühte sich, für jene Haushaltsmaxime auch in einer parlamentarischen Staatsverfassung noch Relevanz zu begründen.

3. Die Entstehungsgeschichte des Bonner Grundgesetzes läßt hinsichtlich des Bepackungsverbots nur den Schluß zu, daß es aus Verfassungstradition in die Verfassung aufgenommen worden ist. In vielen Länderverfassungen fehlt dieser Haushaltsgrundsatz dagegen.

4. Die demokratische Staatsverfassung muß zu einem Funktionswandel des Bepackungsverbots geführt haben. Im Rahmen der „vertikalen" Schutzrichtung bewirkt dieses Verbot heute eine verfassungsrechtliche Übersicherung des Bundestags. Demgegenüber ist die „horizontale" Schutzrichtung weiterhin aktuell, da der Bundesrat bei der Haushaltsverabschiedung Rechtsverkürzungen hinnehmen muß. Infolge der Ergebnisse der Auslotung der traditionellen Schutzrichtungen läßt sich das sachliche Bepackungsverbot heute als Verbot der Umwandlung des Haushaltsgesetzes in ein Zustimmungsgesetz definieren.

5. Die Haushaltsgesetze des Bundes beschränken sich nicht auf die bloße Feststellung des Haushaltsplans. Das sachliche Bepackungsverbot ist dabei, auch unter Berücksichtigung der hier vorgeschla-

genen Interpretation, streng eingehalten worden. Demgegenüber sind bis zur Haushaltsreform 1969 ständige Verstöße gegen das zeitliche Bepackungsverbot festzustellen.

6. Das Bepackungsverbot erleichtert die haushaltspolitische Willensbildung. Zwar impliziert es kein allgemeines Bedingungsverbot, es bewirkt aber eine Strukturierung von Beratung und Entscheidung, um denkbare Komplikations- und Streitpunkte auszuschließen oder zu mindern. Dieser Haushaltsgrundsatz dient dem Prinzip der Formenklarheit in den Anwendungsfällen der Gebote der Normen- und Verfahrensklarheit.

7. Es bedarf keiner Ausdehnung des Geltungsbereichs des Bepackungsverbots auf den Haushaltsplan. Der Haushaltsplan kann im Gegensatz zum Haushaltsgesetz den Vorrang des Gesetzes nicht für sich beanspruchen. Die Einordnung des Haushaltsgesetzes in die Gruppe der Plangesetze gibt dem Bepackungsverbot keine neue Logik.

Literaturverzeichnis

Anschütz, Gerhard: Die Verfassung des Deutschen Reichs, Nachdruck der 14. Aufl., Bad Homburg 1960

Arndt, Adolf: Das Staatsrecht des Deutschen Reiches, Berlin 1901
— Die Verfassungsurkunde für den Preußischen Staat, 6. Aufl., Berlin 1907
— Die Verfassung des Deutschen Reichs vom 11. August 1919, 3. Aufl., Berlin / Leipzig 1927

Arndt, Klaus Friedrich: Parlamentarische Geschäftsordnungsautonomie und autonomes Parlamentsrecht, Berlin 1966

Bachof, Otto: Die Rechtsprechung des Bundesverwaltungsgerichts, in: JZ 1962, S. 745 ff.

Bauer, Karl Heinz: Bepackte Haushaltsgesetze, Jur. Diss. Heidelberg 1952

Bauschke, Erhard: Bundesstaatsprinzip und Bundesverfassungsgericht, Jur. Diss. Berlin 1970

Bayer, Hermann-Wilfried: Die Bundestreue, Tübingen 1961

Benz, Wolfgang: Süddeutschland in der Weimarer Republik, Berlin 1970

Bilfinger, Carl: Der Streit um das Panzerschiff A und die Reichsverfassung, in: AÖR Bd. 55 (1929), S. 416 ff.

Böckenförde, Ernst-Wolfgang: Gesetz und gesetzgebende Gewalt, Berlin 1958
— Die Organisationsgewalt im Bereich der Regierung, Berlin 1964
— Planung zwischen Regierung und Parlament, in: Der Staat 1972, S. 429 ff.

Bornhak, Conrad: Preußisches Staatsrecht, Bd. III, 2. Aufl., Breslau 1914

Breuer, Rüdiger: Selbstbindung des Gesetzgebers durch Programm- und Plangesetze?, in: DVBl. 1970, S. 101 ff.

Bürgel, Heinrich: Bundestag und Exekutivgewalt, in: DVBl. 1967, S. 873 ff.

van Calker, Wilhelm: Das Badische Budgetrecht in seinen Grundzügen, Tübingen / Leipzig 1901

Coing, Helmut: Die juristischen Auslegungsmethoden und die Lehren der allgemeinen Hermeneutik, Köln / Opladen 1959

Cronau, Günter: Der Haushaltsplan als Ermächtigungsgrundlage für die sozialgestaltende Verwaltung, Jur. Diss. Münster 1962

von Doemming, Klaus-Berto, Rudolf Werner *Füsslein* und Werner *Matz:* Entstehungsgeschichte der Artikel des Grundgesetzes, in: JÖR Bd. 1, S. 1 ff.

Drexelius, Wilhelm und Renatus *Weber:* Die Verfassung der Freien und Hansestadt Hamburg vom 6. Juni 1952, Berlin / New York 1972

Egerer, Jürgen: Der Plangewährleistungsanspruch, Baden-Baden 1971

Ellwein, Thomas und Axel *Görlitz:* Gesetzgebung und politische Kontrolle, in: Parlament und Verwaltung, Teil 1, Stuttgart / Berlin / Köln / Mainz 1968

Finger, August: Das Staatsrecht des Deutschen Reichs der Verfassung vom 11. August 1919, Stuttgart 1923

Forsthoff, Ernst: Über Maßnahme-Gesetze, in: Gedächtnisschrift für Walter Jellinek, München 1955, S. 221 ff.

— Der Staat der Industriegesellschaft, München 1971

— Deutsche Verfassungsgeschichte der Neuzeit, 4. Aufl., Stuttgart / Berlin / Köln / Mainz 1972

Friauf, Karl Heinrich: Der Staatshaushaltsplan im Spannungsfeld zwischen Parlament und Regierung, Bd. 1, Bad Homburg v. d. H. / Berlin / Zürich 1968

— Öffentlicher Haushalt und Wirtschaft, in: VVDStRL Heft 27, S. 1 ff.

— Gesetzesankündigung und rückwirkende Gesetzgebung im Steuer- und Wirtschaftsrecht, in: BB 1972, S. 669 ff.

Friesenhahn, Ernst: Parlament und Regierung im modernen Staat, VVDStRL 1922, S. 339 ff.

Fritz, H.: Haushaltsplan und Haushaltskontrolle nach den neuen Verfassungen im Reich und in Preußen, VwArchiv 1922, S. 339 ff.

Frömel, Roland: Der Haushaltsplan im Kräftefeld von Parlament und Regierung, in: DVBl. 1974, S. 65 ff.

Gebhard, Ludwig: Handkommentar zur Verfassung des Deutschen Reichs vom 11. August 1919, München / Berlin / Leipzig 1932

Gehrig, Norbert: Parlament-Regierung-Opposition, Dualismus als Voraussetzung für eine parlamentarische Kontrolle der Regierung, München 1969

Geller, Gregor und Kurt *Kleinrahm:* Die Verfassung des Landes Nordrhein-Westfalen, 2. Aufl., Göttingen 1963

von Gierke, Otto: Labands Staatsrecht und die Deutsche Rechtswissenschaft, Nachdruck Darmstadt 1961

Giese, Friedrich: Die Verfassung des Deutschen Reiches, 8. Aufl., Berlin 1931

— Parlament und Regierung, in: DÖV 1957, S. 638 f.

Giese, Friedrich und Egon *Schunck:* Grundgesetz für die Bundesrepublik Deutschland, 6. Aufl., Frankfurt a. M., 1962

Giesen, Hans Adolf und Eberhard *Fricke:* Das Haushaltsrecht des Landes Nordrhein-Westfalen, München 1972

Glaeser, Rolf: Finanzpolitische Willensbildung in der Bundesrepublik Deutschland, Berlin 1964

Glum, Friedrich: Die staatsrechtliche Struktur der Bundesrepublik Deutschland, Bonn 1965

Gneist, Rudolf: Das Englische Verwaltungsrecht, Bd. II, 2. Aufl., Berlin 1867

Görg, Hubert: Artikel Haushaltsrecht, in: Evangelisches Staatslexikon, Stuttgart / Berlin 1966, S. 745 ff.
— Nochmals: Rechtsschutz im Eingemeindungsverfahren, in: DVBl. 1969, S. 772 ff.

Götz, Volkmar: Recht der Wirtschaftssubventionen, München / Berlin 1966

Goltz, Horst: Mitwirkung parlamentarischer Ausschüsse beim Haushaltsvollzug, in: DÖV 1965, S. 605 ff.

Goppel, Bernhard: Die Rechtsstellung des Bundesrates und des Bayerischen Senates bei der Gesetzesinitiative, Jur. Diss. Würzburg 1968

Graf, Albert: Hat der Landtag des Landes Nordrhein-Westfalen oder einer seiner Ausschüsse das Recht, die Erläuterungen des Haushaltsplans (die rechte Seite des Etats) mit die Landesregierung bindender Wirkung zu ändern?, in: DVBl. 1965, S. 931 ff.

Grupp, Klaus: Die Stellung der Rechnungshöfe in der Bundesrepublik Deutschland unter besonderer Berücksichtigung der historischen Entwicklung der Rechnungsprüfung, Berlin 1972

Häberle, Peter: Unmittelbare staatliche Parteifinanzierung unter dem Grundgesetz, in: JuS 1967, S. 64 ff.

Haenel, Albert: Studien zum Deutschen Staatsrechte, Zweiter Band, Heft 2: Das Gesetz im formellen und materiellen Sinne, Neudruck Darmstadt 1968

Hahnenfeld, Günter: Bundestag und Bundeswehr, in: NJW 1963, S. 2145 ff.

Haller, Heinz: Finanzpolitik, Grundlagen und Hauptprobleme, 5. Aufl., Tübingen 1972

Hamann, Andreas: Das Grundgesetz für die Bundesrepublik Deutschland vom 23. Mai 1949, 2. Aufl., Neuwied / Berlin 1956
— Autonome Satzungen und Verfassungsrecht, Heidelberg 1958

Hamann, Andreas und Helmut *Lenz*: Das Grundgesetz für die Bundesrepublik Deutschland vom 23. Mai 1949, 3. Aufl., Neuwied / Berlin 1970

Hansen, Hans-Jürgen: Fachliche Weisung und materielles Gesetz, Hamburg 1971

Hatschek, Julius: Englisches Staatsrecht, Bd. 1: Die Verfassung, Tübingen 1905
— Das Preußische Verfassungsrecht, Berlin 1924
— Deutsches und Preußisches Staatsrecht, Bd. II, 2. Aufl., Berlin 1930

Heckel, Johannes: Budgetäre Ausgabeninitiative zugunsten eines Reichskultusfonds, in: AÖR N. F. Bd. 12 (1927), S. 420 ff.
— Die Entwicklung des parlamentarischen Budgetrechts und seiner Ergänzungen, in: HdbStR Bd. II, S. 358 ff.
— Einrichtung und rechtliche Bedeutung des Reichshaushaltsgesetzes, in: HdbStR Bd. II, S. 374 ff.
— Die Budgetverabschiedung, insbesondere die Rechte und Pflichten des Reichstags, in: HdbStR Bd. II, S. 392 ff.
— Die Haushaltsgesetze und „Finanzgesetze" der deutschen Länder, in: HdbStR, Bd. II, S. 411 ff.

Heinig, Kurt: Das Budget, Tübingen 1949 ff.

Heller, Hermann: Der Begriff des Gesetzes in der Reichsverfassung, in: VVDStRL Heft 4 (1927), S. 98 ff.

Henrichs, Wilhelm: Art. 113 GG und verwandte Bestimmungen, Jur. Diss. Bonn 1958

Herzog, Roman: Gesetzgeber und Verwaltung, in: VVDStRL Heft 24, S. 183 ff.

Hesse, Konrad: Grundzüge des Verfassungsrechts der Bundesrepublik Deutschland, 5. Aufl., Karlsruhe 1972

Hettlage, Karl: Finanzpolitik und Finanzrecht. Grundsätzliche Überlegungen zur Neuordnung des Bundesfinanzrechts, in: DÖV 1955, S. 1 ff., 33 ff.

— Die Finanzverfassung im Rahmen der Staatsverfassung, in: VVDStRL Heft 14, S. 2 ff.

— Grundfragen einer Neuordnung des deutschen Finanzrechts, in: Finanzwissenschaft und Finanzpolitik, Festschrift für Erwin Schoettle, Tübingen 1964, S. 77 ff.

Hirsch, Joachim: Haushaltsplanung und Haushaltskontrolle in der Bundesrepublik Deutschland, in: Parlament und Verwaltung, Teil 2, Stuttgart / Berlin / Köln / Mainz 1968

Hoffmann, Reinhard: Haushaltsvollzug und Parlament, Tübingen 1972

Huber, Ernst Rudolf: Dokumente zur Deutschen Verfassungsgeschichte, Stuttgart 1961

— Deutsche Verfassungsgeschichte seit 1789, 2. Aufl., Stuttgart / Berlin / Köln / Mainz 1970

Huber, Konrad: Maßnahmengesetz und Rechtsgesetz, Berlin 1963

Huber, Rudolf: Die Verfassung des Freistaats Preußen vom 30. November 1920, Mannheim / Berlin / Leipzig 1921

Ipsen, Hans Peter: Verwaltung durch Subventionen, in: VVDStRL Heft 25, S. 257 ff.

— Europäisches Gemeinschaftsrecht, Tübingen 1972

Jellinek, Georg: Art. „Budgetrecht", in: Handwörterbuch der Staatswissenschaften, 3. Band, 3. Aufl., Jena 1909, S. 308 ff.

— Regierung und Parlament in Deutschland, Leipzig 1909

— Gesetz und Verordnung, Neudruck, Tübingen 1919

Jellinek, Walter: Entstehung und Ausbau der Weimarer Reichsverfassung, in: HdbStR Bd. I, S. 127 ff.

Jesch, Dietrich: Gesetz und Verwaltung, 2. Aufl., Tübingen 1968

Jéze, Gaston: Allgemeine Theorie des Budgets, Deutsche Ausgabe von Fritz Neumark, Tübingen 1927

Kamp, Ernst M., Camilla *Langheinrich* und Friedrich *Stamm:* Die Ordnung der öffentlichen Finanzen, Bonn 1971

Karehnke, Helmut: Zur Reform des Haushaltsrechts. Betriebe gemäß § 15 RHO, in: DÖH 1969, S. 177 ff.

Karehnke, Helmut: Privatrechtliche Unternehmen mit Beteiligung von Gebietskörperschaften — Betrachtungen zur Reform des Haushaltsrechts, — in: DöH 1969, S. 193 ff.

Katzenstein, Dietrich: Rechtliche Erscheinungsformen der Machtverschiebung zwischen Bund und Ländern seit 1949, in: DÖV 1958, S. 593 ff.

Kaufmann, Erich: Studien zur Staatslehre des monarchischen Prinzipes, in: Erich Kaufmann, Gesammelte Schriften, Bd. 1, Autorität und Freiheit, Göttingen 1960, S. 1 ff.

Keller, Theo: Alte Budgetgrundsätze und neue Finanzpolitik, in: Festschrift für Fritz Neumark, S. 369 ff.

Kewenig, Wilhelm: Staatsrechtliche Probleme parlamentarischer Mitregierung am Beispiel der Arbeit der Bundestagsausschüsse, Bad Homburg v. d. H. / Berlin / Zürich 1970

Kichler, Paul: Entwicklung und Wandlung des parlamentarischen Budgetbewilligungsrechts in Deutschland, Jur. Diss. Berlin 1956

Kimminich, Otto: Deutsche Verfassungsgeschichte, Frankfurt 1970

Kirn, Michael: Die Umgehung des Bundesrates bei ganz besonders eilbedürftigen Regierungsvorlagen, in: ZRP 1974, S. 1 ff.

Klein, Franz: Finanz- und Haushaltsreform, Gesetzestexte, München / Wien 1969

Kloepfer, Michael: Vorwirkung von Gesetzen, München 1974

Kölble, Josef: Pläne im Bundesmaßstab oder auf bundesrechtlicher Grundlage, in: Planung Bd. 1, Hrsg. v. Joseph H. Kaiser, Baden-Baden 1965, S. 91 ff.

Köttgen, Arnold: Fondsverwaltung in der Bundesrepublik, Stuttgart / Berlin / Köln / Mainz 1965

Kommentar zum Bonner Grundgesetz (Bonner Kommentar): Loseblattausgabe, Hamburg 1950 ff.

Konow, Gerhard: Zustimmungsbedürftigkeit von Änderungsgesetzen?, in: ZRP 1973, S. 158 ff.

Korff, Hans: Neuordnung der Haushaltswirtschaft des Bundes, Ziele und Aussichten einer Haushaltsreform, in: Finanzwissenschaft und Finanzpolitik, Festschrift für Erwin Schoettle, Tübingen 1964, S. 101 ff.

Kottenberg, Kurt und Heinz *Steffens*: Rechtsprechung zum kommunalen Verfassungsrecht des Landes Nordrhein-Westfalen, Siegburg, Stand Januar 1973

Kratzer, Jakob: Die Verfassungsurkunde des Freistaates Bayern, München / Berlin / Leipzig 1925

Kriele, Martin: Theorie der Rechtsgewinnung entwickelt am Problem der Verfassungsinterpretation, Berlin 1967

Krüger, Hildegard: Die Verfassungswidrigkeit der lex Schörner, in: DVBl. 1955, S. 758 ff.

Kühnemann, Max: Haushaltsrecht und Reichsetat, in: Finanzrechtliche Zeitfragen, Bd. 4, Berlin 1930

Kutscher, Hans: Verfassungsrechtliche Fragen aus der Praxis des Bundesrats, in: DÖV 1952, S. 710 ff.

Laband, Paul: Das Budgetrecht nach den Bestimmungen der preußischen Verfassungsurkunde unter Berücksichtigung der Verfassung des Norddeutschen Bundes (Separatabdruck aus der Zeitschrift für Gesetzgebung und Rechtspflege in Preußen), Berlin 1871

— Das Staatsrecht des Deutschen Reiches, 5. Aufl., Tübingen 1914

Lang, Hans: Der Haushaltsplan im Deutschen Reich und im Freistaat Bayern, Paderborn 1930

Lange, Klaus: Die Abhängigkeit der Ausgabenwirtschaft der Bundesregierung von der parlamentarischen Budgetbewilligung, in: Der Staat 1972, S. 313 ff.

Lechner, Hans: Zur Entwicklung der Rechtsstellung des Bundesrats, in: DÖV 1952, S. 417 ff.

Lechner, Hans und Klaus *Hülshoff:* Parlament und Regierung, 3. Aufl., München 1971

Leibholz, Gerhard und Hans Justus *Rinck:* Grundgesetz für die Bundesrepublik Deutschland, Kommentar an Hand der Rechtsprechung des Bundesverfassungsgerichts, 3. Aufl., Köln 1968

Leicht, Albert: Die Haushaltsreform, München / Wien 1970

Lerche, Peter: Das Bundesverfassungsgericht und die Verfassungsdirektiven, in: AÖR Bd. 90 (1965), S. 341 ff.

Loewenberg, Gerhard: Parlamentarismus im politischen System der Bundesrepublik Deutschland, Tübingen 1969

Loewenstein, Karl: Verfassungslehre, 2. Aufl., Tübingen 1969

Mallmann, Walter: Die Sanktion im Gesetzgebungsverfahren, Emsdetten 1938

— Budgetrecht und Konstitutionalismus, in: Der Staat 1971, S. 100 ff.

von Mangoldt, Hermann: Das Bonner Grundgesetz, Berlin / Frankfurt a. M. 1953

von Mangoldt, Hermann und Friedrich *Klein:* Das Bonner Grundgesetz, 2. Aufl., Berlin / Frankfurt a. M. 1966 ff.

Maunz, Theodor: Die Finanzverfassung im Rahmen der Staatsverfassung, in: VVDStRL Heft 14, S. 37 ff.

— Anmerkung zu BVerfG, Urteil vom 19. 7. 1966 — 2 BvF 1/65, in: BayVBl. 1966, S. 347 f.

Maunz, Theodor, Günther *Dürig* und Roman *Herzog:* Kommentar zum Grundgesetz, Loseblattausgabe, München 1971

Mayer, Otto: Deutsches Verwaltungsrecht, 3. Aufl., 1924, Nachdruck Berlin 1969

Meder, Theodor: Handkommentar zur Verfassung des Freistaates Bayern, München 1971

Menger, Christian-Friedrich: Das Gesetz als Norm und Maßnahme, in: VVDStRL Heft 15, S. 3 ff.

Meyer, Georg und Gerhard *Anschütz:* Lehrbuch des Deutschen Staatsrechts, 7. Aufl., München / Leipzig 1919

Möller, Alex: Kommentar zum Gesetz zur Förderung der Stabilität und des Wachstums der Wirtschaft, Hannover 1968

von Mohl, Robert: Das Staatsrecht des Königreichs Württemberg, Bd. 1, 2. Aufl., Tübingen 1840

Moser, Johann Jakob: Von der Landeshoheit in Steuersachen, Frankfurt / Leipzig 1773

Mußgnug, Reinhard: Der Dispens von gesetzlichen Vorschriften, Heidelberg 1964

— Der Haushaltsplan als Gesetz, Habilitationsschrift Heidelberg 1969 (Maschinenschrift)

Nawiasky, Hans: Die Stellung der Regierung im modernen Staat, Tübingen 1925

— Bayerisches Verfassungsrecht, München / Berlin / Leipzig 1923

Nawiasky, Hans, Claus *Leusser*, Karl *Schweiger* und Hans *Zacher:* Die Verfassung des Freistaates Bayern, 2. Aufl., München 1971

Neumark, Fritz: Der Reichshaushaltsplan, Jena 1929

— Theorie und Praxis der Budgetgestaltung, in: Handbuch der Finanzwissenschaft, 2. Aufl., hrsg. von Wilhelm Gerloff und Fritz Neumark, 1. Bd., Tübingen 1952, S. 554 ff.

— Probleme und Mittel moderner Finanzpolitik, in: Finanzwissenschaft und Finanzpolitik, Festschrift für Erwin Schoettle, Tübingen 1964, S. 177 ff.

Oldiges, Martin: Grundlagen eines Plangewährleistungsrechts, Bad Homburg v. d. H. / Berlin / Zürich 1968

Ossenbühl, Fritz: Verwaltungsvorschriften und Grundgesetz, Bad Homburg v. d. H. / Berlin / Zürich 1968

— Rechtliches Gehör und Rechtsschutz im Eingemeindungsverfahren, in: DÖV 1969, S. 548 ff.

Parlamentarischer Rat: Verhandlungen des Hauptausschusses 1948/49, Bonn 1950

Patzig, Werner: Probleme einer Neuordnung des Finanz- und Haushaltsrechts, in: VwArchiv Bd. 58 (1967), S. 1 ff. und 97 ff.

Patzig, Werner und Theo *Traber:* Haushaltsrecht des Bundes und der Länder, Köln / Berlin / Bonn / München, März 1971

Pestalozza, Christian: Formenmißbrauch des Staates, München 1973

Piduch, Erwin: Kommentar zum Bundeshaushaltsrecht, Stuttgart / Berlin / Köln / Mainz, Mai 1972

von Pistorius: Sollen die Grundsätze über Bewilligung der Einnahmen und Ausgaben für die Haushalte des Reichs und der Länder geändert werden?, in: DJZ 1928, Sp. 1121 ff.

Pölitz, Karl: Die europäischen Verfassungen seit dem Jahre 1789 bis auf die neueste Zeit, Bd. I - III, 2. Aufl., Leipzig 1832

Püttner, Günter: Unterschiedlicher Rang der Gesetze?, in: DÖV 1970, S. 322 ff.

Quaritsch, Helmut: Das parlamentslose Parlamentsgesetz, 2. Aufl., Hamburg 1961

von Rönne, Ludwig: Das Staatsrecht der preußischen Monarchie, Bd. 1, 4. Aufl., Leipzig 1881

Rothenbücher, Karl: Über die Verpflichtung der Reichsregierung, vom Reichstag bewilligte Ausgaben auszuführen, in: RVBl. 1929, S. 4 ff.

Rupp, Hans Heinrich: Grundfragen der heutigen Verwaltungsrechtslehre, Tübingen 1965

— Verfassungsgerichtliche Überprüfung des Haushaltsgesetzes im Wege der „abstrakten Normenkontrolle"?, in: NJW 1966, S. 1097 ff.

Sasse, Christoph: Haushaltsvollzug ohne Haushalt? — Der Etatkonflikt des Jahres 1972, in: JZ 1973, S. 189 ff.

Schäfer, Hans: Der Bundesrat, Köln / Berlin 1955

Scheuner, Ulrich: Über die verschiedenen Gestaltungen des parlamentarischen Regierungssystems, in: AÖR Bd. 13 N. F., S. 209 ff.

— Der Bereich der Regierung, in: Rechtsprobleme in Staat und Kirche, Festschrift für Rudolf Smend zum 70. Geburtstag, Göttingen 1952, S. 253 ff.

— Die Aufgabe der Gesetzgebung in unserer Zeit, in: DÖV 1960, S. 601 ff.

— Das Wesen des Staates und der Begriff des Politischen in der neueren Staatslehre, in Staatsverfassung und Kirchenordnung, Festgabe für Rudolf Smend zum 80. Geburtstag, Tübingen 1962, S. 225 ff.

Schick, Walter: Haushaltsplan und Haushaltsgesetz vor Gericht, in: JZ 1967, S. 271 ff.

Schilling, Karl: Rechtsfragen der Fondswirtschaft, in: BayVBl. 1962, S. 196 ff.

Schleehauf, Ursula: Zur Realisierung der verfassungsrechtlichen Budgetprinzipien, in: Finanzarchiv N. F., 25. Bd., Tübingen 1966, S. 247 ff.

Schmidt, Karldieter: Die Rechtsfolgen einer verspäteten Feststellung des Bundeshaushaltsplans unter besonderer Berücksichtigung der sich aus Artikel 111 GG ergebenden Rechtslage, Jur. Diss. Münster 1965

Schmidt, Helmut: Theorie und Thesen der Finanzpolitik, in: Handelsblatt Nr. 169 vom 3. 9. 1973

Schmidt, Walter: Gesetzesvollziehung durch Rechtsetzung, Bad Homburg v. d. H. / Berlin / Zürich 1969

Schmitt, Carl: Verfassungslehre, 4. Aufl., Berlin 1965

Schmölders, Günter: Finanzpolitik, 3. Aufl., Berlin / Heidelberg / New York 1970

— Der Grundsatz der Budgetpublizität, in: FinanzArchiv N. F., Bd. 18 (1957/58), S. 193 ff.

Schneider, Hans: Die öffentlich-rechtliche Alterssicherung freier Berufe und das Grundgesetz, Stuttgart 1959

— Die Zustimmung des Bundesrates zu Gesetzen, in: DVBl. 1953, S. 257 ff.

— Der Niedergang des Gesetzgebungsverfahrens, in: Festschrift für Gebhard Müller, Tübingen 1970, S. 421 ff.

Schneider, Hans-Peter: Die Parlamentarische Opposition im Verfassungsrecht der Bundesrepublik Deutschland, Bd. I: Grundlagen, Frankfurt a. M. 1974

Schneider, Peter: Ausnahmezustand und Norm, eine Studie zur Rechtslehre von Carl Schmitt, Stuttgart 1957

von Schulze-Gaevernitz, Hermann: Das Preußische Staatsrecht, Bd. II, 2. Aufl., Leipzig 1890

Schulze, Rudolf und Erich *Wagner:* Kommentar zur Reichshaushaltsordnung, 3. Aufl., Berlin 1934

Schumann, Claus-Dieter: Rechtswirkungen des Haushaltsplans, Jur. Diss. Hamburg 1964

Seidler, Gustav: Budget und Budgetrecht im Staatshaushalte der constitutionellen Monarchie mit besonderer Rücksichtnahme auf das österreichische und deutsche Verfassungsrecht, Wien 1885

Seuffert, W.: Die Rückwirkung von Steuergesetzen nach Verfassungsrecht, in: BB 1972, S. 1065 ff.

von Seydel, Max: Commentar zur Verfassungsurkunde für das Deutsche Reich, 2. Aufl., Freiburg / Leipzig 1897

Smend, Rudolf: Ungeschriebenes Verfassungsrecht im monarchischen Bundesstaat, in: Staatsrechtliche Abhandlungen, 2. Aufl., Berlin 1968, S. 39 ff.

Spreng, Rudolf, Willi *Birn* und Paul *Feuchte:* Die Verfassung des Landes Baden-Württemberg, Stuttgart / Köln 1954

Starck, Christian: Der Gesetzesbegriff des Grundgesetzes, Baden-Baden 1970

— Autonomie und Grundrechte, Zur Regelungsbefugnis öffentlich-rechtlicher Autonomieträger im Grundrechtsbereich, in: AÖR Bd. 92 (1967), S. 449 ff.

von Stengel, Karl: Das Staatsrecht des Königreichs Preußen, in: Hdb. d. Öffentl. Rechts, Hrsg. Max von Seydel, 2. Aufl., Bd. II, 3. Abteilung, Freiburg / Leipzig 1894

Stern, Klaus: Rechtsfragen der öffentlichen Subventionierung Privater, in: JZ 1960, S. 518 ff.

Stern, Klaus und Herbert *Bethge:* Öffentlich-rechtlicher und privatrechtlicher Rundfunk, Frankfurt a. M. / Berlin 1971

Stern, Klaus und Paul *Münch:* Gesetz zur Förderung der Stabilität und des Wachstums der Wirtschaft vom 8. Juni 1967 (BGBl. I S. 582), Stuttgart / Berlin / Köln / Mainz, 1967

Stier-Somlo, Fritz: Reichsstaatsrecht, Bd. II, Berlin / Leipzig 1927

Strauß, Franz-Josef: Das neue Haushaltsrecht, Bonn 1969

Strickrodt, Georg: Das Recht des ersten Votums in der Politik des Bundesrats, in: DÖV 1950, S. 525 ff.

Struben, David Georg: „Nebenstunden", 2. Teil, 10. Abhandlung: „Von Landständen", Darmstadt 1789

Thierfelder, Hans: Die staatsrechtliche Bedeutung des Staatshaushaltsplans, Jur. Diss. Tübingen 1959

Thoma, Richard: Das Reich als Demokratie, in: HdbStR Bd. I, S. 186 ff.
— Der Vorbehalt der Legislative und das Prinzip der Gesetzmäßigkeit von Verwaltung und Rechtsprechung, in: HdbStR Bd. II, S. 221 ff.

Thudichum, Friedrich: Verfassungsrecht des Norddeutschen Bundes und des Deutschen Zollvereins, Tübingen 1870

Triepel, Heinrich: Quellensammlung zum Deutschen Reichsstaatsrecht, 5. Aufl., Tübingen 1931

Ule, Carl Hermann: Zwangseingemeindungen und Verfassungsgerichtsbarkeit, in: VwArchiv Bd. 60 (1969), S. 101 ff.

Vaubel, Dietrich: Die Vorausbewilligung von Staatsausgaben, Jur. Diss. Marburg 1968

Verfassungsausschuß der Ministerpräsidentenkonferenz der westlichen Besatzungszonen: Bericht über den Verfassungskonvent auf Herrenchiemsee vom 10. bis 23. August 1948, München 1948

Vialon, Friedrich: Haushaltsrecht, 2. Aufl., Berlin / Frankfurt a. M. 1959
— Das Haushaltsrecht der BRD, in: AÖR Bd. 77, S. 19 ff.

Wacke, Gerhard: Das Finanzwesen der Bundesrepublik, Tübingen 1950
— Das Bundesgesetz über unmittelbaren Zwang, in: JZ 1962, S. 137 ff.

Wagner, Heinz, Öffentlicher Haushalt und Wirtschaft, in: VVDStRL Heft 27, S. 47 ff.

Weber, Werner: Das Richtertum in der deutschen Verfassungsordnung, in: Festschrift für Hans Niedermeyer, Göttingen 1953, S. 261 ff.

Weides, Peter: Mitwirkung des Bundesrats bei der Änderung eines zustimmungspflichtigen Bundesgesetzes, in: JuS 1973, S. 337 ff.

Wessel, Franz: Der Vermittlungsausschuß nach Art. 77 des Grundgesetzes, in: AÖR Bd. 77 (1951/1952), S. 283 ff.

Wimmer, Norbert: Materiales Verfassungsverständnis, ein Beitrag zur Theorie der Verfassungsinterpretation, Wien / New York 1971

Wobser, Eberhard: Die tragenden Haushaltsprinzipien und ihre Durchführung im Bundeshaushalt, in: DÖH 1955, S. 137 ff.

Zachariä, Heinrich: Die deutschen Verfassungsgesetze der Gegenwart, Göttingen 1855

Zeidler, Karl: Maßnahmengesetz und „klassisches Gesetz", Karlsruhe 1961
— Einige Bemerkungen zum Verwaltungsrecht und zur Verwaltung in der Bundesrepublik seit dem Grundgesetz, in: Der Staat 1962, S. 321 ff.

Zorn, Philipp: Das Staatsrecht des Deutschen Reiches, 2. Aufl., Bd. 1, Berlin 1895

Zunker, Albrecht: Finanzplanung und Bundeshaushalt, Zur Koordinierung und Kontrolle durch den Bundesfinanzminister, Frankfurt a. M. / Berlin 1972

Printed by Libri Plureos GmbH
in Hamburg, Germany